證道歌

譯註

증도가

역주

良志 譯註
南靑 書畵

生 남청

【일러두기】

1. 증도가(證道歌)

  ㉮ 저본 : 『景德傳燈錄』卷30(1004년) 「永嘉眞覺大師證道歌」

              (『大正藏』51, 460쪽. 상14.-461쪽. 중5.)

  ㉯ 갑본 : 『永嘉證道歌』

              (『大正藏』48, 395쪽. 하5.-397쪽. 상25.)

              增上寺報恩藏明本(1592), 元祿七年刊宗敎大學藏本(1694)

  ㉰ 을본 : 『證道歌註』(『卍續藏』63, 260쪽. 상2.-281쪽. 상19.)

2. * 와 ※ 표를 하여 해설을 함.

서(序)

『증도가』는 지금까지 많은 선지식들이 번역하고 주석을 단 것이
시중에 많이 나와 있는데도 이렇게 번역하여 혼란을 주지는 않아야
하는데 하면서도 간행을 하게 된 것은 여러 요청 때문이다.

『증도가』는 영가현각(665?, 675 ~ 713)이 한도인으로 살아가는
모습을 볼 수 있는 것이고 영가현각을 일숙각(一宿覺)이라고 하며
『조당집』 3권에 다음과 같이 기록되어 있다.

> "육조의 법을 계승했고 온주(溫州)에서 살았다. 일숙각 화상
> 의 휘(諱)는 현각이고, 자는 도명(道明)이며 성은 대씨로서
> 온주의 영가현 사람이었다.
>
> 내외의 경전을 널리 통달하였고 먹기 위하여 경작하지 않고
> 옷을 만들어 입기 위하여 양잠을 하지 않았으나 평생 동안의
> 공업(功業)은 사람들이 헤아릴 수 없이 많았다.
>
> 이전에는 온주의 개원사에 있으면서 어머니에게 효도하고
> 겸하여 누이까지 있어 두 사람을 시봉하니 온 사찰과 온 마을
> 사람들이 그 스님을 비방하였었다.
>
> 어느 날 어머니가 돌아가시자 상복을 입고서도 누이를 포기
> 하지 않으니 또 다시 사람들의 비방을 받았으나 그 스님은
> 상관하지 않았다.
>
> 어느 날 복도를 내려오는 신책(현책)이라는 60여살 쯤 되는
> 한 선사가 있었는데 이들 오누이가 주렴 틈으로 그 노숙을
> 보자 누이가 말했다.
>
> '저 노숙을 방으로 모셔다가 차를 대접하고 싶다.'

동생이 바로 나가서 그 노숙에게 요청하니 노숙은 들어오지 않으려다가 그 스님의 간절한 청에 노숙이 허락하여서 노숙이 방안으로 들어가자 여인이 나와서 맞이하면서 말했다.

‘제 동생이 노숙에게 무례했더라도 책망하지 마십시오.’

그리고는 노숙과 함께 자리를 마주하여 앉고는 동생도 앉으라고 하여 세 사람이 대화하던 중에 노숙은 그 스님의 기상이 보통 사람과 다르고 또 그 여인도 역시 대장부의 기질이 있음을 보고는 현각스님에게 권하여 말했다.

‘부모와 형제에 효순하는 일도 일대사의 일로(一路)를 자각한 것이고 비록 불법(佛法)의 이치를 밝히기는 했으나 과거의 모든 부처님들도 성인(聖人)과 성인(聖人)이 서로 전(傳)하시고 부처님과 부처님이 서로 인가(印可)하였듯이 석가여래도 연등불의 수기(授記)를 받으셨는데 만약 그렇지 않으면 자연 외도에 떨어지게 된다.

그러므로 조사(祖師)의 인가(印可)를 얻지 못했으니 남방에 혜능(惠能)선사라는 큰 성인이 계시는데 가서 예배하고 스승으로 섬기세요.’

현각스님이 대답했다.

‘지난번에 어머니께서 돌아가시고 지금은 누님만 혼자 계시니 보살필 사람이 없는데 어찌 버리고 떠나겠습니까?’

누님이 동생에게 말했다.

‘동생은 나를 걱정하지 말고, 나는 혼자 몸이니 의지해 머무를 곳을 구할 것이니 단지 스스로 가기만 하세요.’

이에 동생인 스님은 이로부터 짐을 꾸려 놓고 주지스님에게 가서 앞의 일을 모두 설명하니 주지스님이 말씀하셨다.

‘사형이 그런 선심(善心)이 있는데 나는 가지 못하지만 나도

선인(善因)을 같이 지읍시다. 사형은 단지 가시기만 하시오. 그 누님은 걱정하지 마시고 나도 효도를 하고자하니 단지 그 방에서 여기까지 모셔다 주세요.'

그 스님이 주지스님의 처분에 따라서 누님을 주지스님의 방으로 모셔가서 안배(安排)하고는 바로 출발하였다.

그때 그 동생 스님의 나이는 31세로서 구불구불한 길을 가서 시흥현 조계산에 도착하니 마침 대사께서 상당하여 계시는데 석장을 들고 올라가 선상을 세 번 돌고 서니 육조께서 물었다.

'무릇 사문은 삼천(三千 : 온갖) 위의(威儀)와 팔만(아주 많은) 세행(細行)을 갖추어서 각각의 행동마다 이지러짐이 없어야 사문이라고 부르는데 대덕은 어디서 왔기에 아만을 크게 내는가?'

현각스님이 대답했다.

'생사(生死 : 번뇌 망념의 생사)의 일대사가 매우 중요한데 무상(無常)이 너무나 빠르게 변합니다.'

육조께서 물었다.

'어찌하여 생사(生死)없는 도리를 체득하여 빠름이 없는 도리를 통달하지 않는가?'

현각스님이 대답했다.

'본래 무생(無生)을 체득하였으니 무속(無速)을 바로 통달하였습니다.'

육조께서 말씀하셨다.

'그대는 무생(無生)의 의미를 매우 잘 알았구나.'

현각스님이 말했다.

'무생(無生)에 어찌 의미가 있습니까?'

육조께서 말씀하셨다.

'의미가 없다면 누가 분별하는가?'

현각스님이 대답했다.

'분별하는 것 역시 의미는 아닙니다.'

육조께서 말씀하셨다. '그렇다. 맞다.'

그때 대중이 천여 명이 있었는데 모두 크게 놀랐다.

선사가 다시 동랑(東廊)으로 내려가서 석장을 걸어 놓고 위의를 갖추고 올라가 감사의 예배를 하고 조용히 쳐다보고는 바로 승당(僧堂)으로 가서 대중에게 참배하고 도리어 올라와서 하직을 고하니 육조께서 말씀하셨다.

'대덕은 어디에서 왔기에 돌아감이 너무 빠르지 않는가?'

현각선사께서 대답했다.

'본래는 자신의 본심은 움직이지 않는데 어찌 빠름이 있습니까?'

육조께서 물었다.

'본심이 움직이지 않는 줄을 누가 아는가?'

대답했다.

'인자(仁者)께서 분별을 내십니다.'

육조께서 한 번에 내려와서 등을 어루만지면서 말했다.

'선재 선재라! 훌륭하다. 손에 간과(干戈 : 창과 방패, 활인검과 살인도)를 가지고 있구나. 하룻밤 쉬어가세요.'

다음날 아침에 육조께 하직을 고하니 조사께서 대중을 거느리고 그 스님을 전송하였다. 현각스님이 열 걸음쯤 걸어 나가서 석장을 세 번 내리치고 말했다.

'조계를 한 번 친견 하고나서 생사가 서로 간섭하지 않음을 분명히 통달했다.'

일숙각(一宿覺) 스님이 다시 돌아오니 그의 이름이 먼저 뭇 사람들에게 불가사의 한 사람이라고 알려져 있었다. 그에게 다녀간 이가 무수히 많았고 공양을 올린이도 하나 둘이 아니었다. 이로부터 있었던 그의 모든 가행(歌行)과 게송(偈頌)은 모두 그의 누님이 수집한 것이었다.

일숙각(一宿覺) 화상은 선천(先天)2년(713) 10월 17일에 열반하시니, 춘추(春秋)는 39세이고 시호를 무상대사라 내렸고 정광(淨光)의 탑이라고 하였다."

영각현각(665?, 675 ~ 713)이 천태에서 수행을 하였지만 육조에게서 인가증명을 받았다고 하는 것은 자신이 천태에서 도(道)를 이루지 못하였고 돈교의 가르침으로 자신이 깨달음을 체득하였다고 술회하고 있는 것이 된다.

그렇지만 시대적으로 남종을 의지하여야 하기 때문에 이렇게 제작했다고 할 수도 있고 아니면 천태의 수행자들을 남종으로 전환시키기 위하여 제작하였는지 알 수는 없지만 불교를 한 단계 더 성숙시키는 역할을 한 것은 틀림없다.

이와 같이 게송으로 『증도가』를 유포시킨 것은 일반적으로 교학의 수행자들이 간경(看經)을 할 줄 모르면 자신이 경전에 평생동안 끌려 다니게 되는 것을 우려한 것이고, 또 밖에서 자신을 찾으려고 하면서 헛되이 세월만 보내는 것이 안타까워 자비심으로 만들었다고 생각된다.

그리고 지금도 타인의 마니보주를 자신의 마니보주라고 착각하여 신앙으로 교주를 만드는 일들은 없어져야 하는 것이다.

『증도가』는 여러 주석서들이 있는데도 원본의 내용에 충실하려고 번역을 하였고 미흡한 것은 해설을 하여 보완하려고 노력하였지만

간혹 저자의 의도와 어긋나지나 않을까 하는 염려가 된다. 눈 밝은
이의 많은 질책을 바라는 바이다.

佛紀 2563年 晩秋

良志

차례

증도가(證道歌)

원문 번역

君不見.

그대들은 진여의 지혜로 살면서도 한도인(閑道人)을 자신이 친견하지 못하고 있다고 하는 것을 들어보지 못했는가?

1. 絕學無為閑道人, 不除妄想不求真,
   無明實性即佛性, 幻化空身即法身.

불법(佛法)의 가르침을 모두 초월하여 차별분별하지 않고 진여(眞如)의 지혜로 살아가는 한도인(閑道人)은

망상(妄想)을 제거하려고 하지도 않고 진여(眞如)의 지혜를 구하지도 않고

무명(無明)의 실성(實性, 실제의 본성)이 바로 불성(佛性)이라고 자각하여

환화(幻化)와 같은 육신(肉身)이 청정한 공신(空身)이라는 사실을 자각하여 바로 법신(法身)으로 살아가네.

2. 法身覺了無一物, 本源自性天真佛,
   五陰浮雲空去來, 三毒水泡虛出沒.

(자신이 법신(法身)이라는 사실을) 자각(自覺)하여 마치면 무일물(無一物)이고

본래부터 근본적으로 자성(自性)이 천진불이라는 사실을 자각(自覺)하면

오음(五陰)의 망념(妄念)이 거래(去來, 가고 옴)하여도 청정하며

삼독의 탐진치(貪瞋癡)가 물거품처럼 출몰하여도 청정하네.

12

3. 證實相無人法, 刹那滅却阿鼻業,
　若將妄語誑眾生, 自招拔舌塵沙劫.
　이와 같이 여시하게 실상(實相)을 자각하여 증득하면 중생심의
인(人, 我, 主)과 법(法, 경계, 客)이 없게 되니
　순식간에 아비지옥의 업(業)이 사라지며
　만약에 이것이 거짓으로 중생을 속이는 거짓말이라면
　내 자신이 영원히 혀가 뽑히는 지옥에서 살겠다고 스스로 자초하
는 것이네.

4. 頓覺了如來禪, 六度萬行體中圓,
　夢裏明明有六趣, 覺後空空無大千.
　자신이 법신(法身)이라는 사실을 정확하게 돈오하여 여래가 되어
진여의 지혜로 생활하면
　진여의 지혜로 육도만행을 본체에 맞게 원만하게 실천하게 되니
　꿈속에서는 명명백백하게 육도윤회를 하는 것이 있었지만
　깨달은 후에는 진여의 지혜로 몰종적(沒蹤跡)의 생활을 하니
삼천대천세계도 없네.

5. 無罪福無損益, 寂滅性中莫問覓,
　比來塵境未曾磨, 今日分明須剖析.
　죄(罪)와 복(福)의 자성(自性)이 없으므로 자신의 불성(佛性)은
손익(損益)이 없고
　적멸(寂滅)한 자신의 불성(佛性)에 맞게 진여의 지혜로 생활하면
무엇을 찾고 무엇을 물을 것이 없는데도
　지금까지 고행(苦行)을 해도 업(業)으로 더러워진 자신의 심경
(心鏡)을 아직까지 닦아보지 못했었는데

금일(今日)에야 분명하게 확실히 심경(心鏡) 닦는 법(佛性)을 깨달아 체득하였네.

6. 誰無念誰無生, 若實無生無不生,
　喚取機關木人問, 求佛施功早晚成.
어느 뉘가 무념(無念)으로 살고 어느 뉘가 무생(無生)으로 살겠는가만
만약에 진실로 무생(無生)이 되어 살아간다면 무생법인을 증득하게 되는데도
기관목인(機關木人)처럼 장좌불와(長坐不臥)하는 수행자에게 부처가 어디 있냐고 물어보니
부처를 구하고 재물을 보시하며 공(功)을 베풀면 조만간에 성취한다고 하네.

7. 放四大莫把捉, 寂滅性中隨飮啄,
　諸行無常一切空, 卽是如來大圓覺.
사대(四大)가 공하다는 사실을 자각하여 집착하지 않으니
적멸(寂滅)한 본성의 지혜로 생활하며 사위의(四威儀)에 맞게 공양(供養)하고
제행무상(諸行無常)이므로 일체의 만행(萬行)을 공(空)이라고 자각하여 실천하면
곧바로 여래의 위대한 원각(圓覺)의 경지를 이루네.

8. 決定說表眞乘, 有人不肯任情徵,
　直截根源佛所印, 摘葉尋枝我不能.
결정된 설법을 하여 진정한 일승(一乘, 僧伽)의 모습을 표방한

것이니

　누군가 긍정하지 않고 의심을 하는 것은 중생심으로 요구한 것이고

　올바르게 근원(根源)을 깨닫는 것이 부처님이 인가(印可)한 것과 같은 것이나

　불법(佛法)에 맞게 진여의 지혜로 생활하려고 하지 않고 부수적인 알음알이로 깨달으려고 하는 사람들을 내가 제도하는 것은 불가능하네.

　9. 摩尼珠人不識, 如來藏裏親收得,

　　六般神用空不空, 一顆圓光色非色.

　마니보주를 자신들이 가지고 있으면서 사람들은 자성(自性)을 대상으로 알고 있다는 것을 알지 못하지만

　여래장 속에 친히 넣어 놓고만 있었다는 것을 체득하기만 하면

　육신통의 지혜로 공(空)을 체득하여 불공(不空)으로 생활하게 되니

　하나의 마니보주가 원만하게 삼천대천세계에 광명을 발하여 색(色)을 초월하게 되네.

　10. 淨五眼得五力, 唯證乃知誰可測,

　　鏡裏看形見不難, 水中捉月爭拈得.

　오안(五眼)이 청정하여 오력(五力)을 체득하면 불법(佛法)이 현전하게 되는 것은

　오직 증득해야 깨달아 알게 되는 것이지 알음알이로 알 수 있는 것은 아니고

　거울 속에 나타난 형상을 보는 것처럼 어렵지 않는 것이지만

　오히려 물속에 나타난 달을 끄집어내려고 경쟁하네.

11. 常獨行常獨步, 達者同遊涅槃路,
　　調古神淸風自高, 貌悴骨剛人不顧.

항상 만법과 짝하지 않고 독자적으로 수행하고 항상 삼계를 초월하여 살아가니

진여의 지혜로 살아가는 도인(道人)은 열반의 길에서 유유자적하며

고인(古人)의 신령한 종지(宗旨)를 수지하여 청빈한 자태가 더욱더 위대하여도

생김새는 초라하고 기개는 강직하니 사람들은 아무도 돌아보지 않네.

12. 窮釋子口稱貧, 實是身貧道不貧,
　　貧則身常披縷褐, 道即心藏無價珍.

꾸밈없는 청정한 한도인은 치장하지 않는 모습을 두고 빈곤하다 말하지만

실제로 꾸밈없는 모습은 빈곤할지라도 진여의 지혜로 사는 것은 빈곤하지 않고

빈곤한 것은 몸에 항상 헤어진 누더기를 입고 다니는 것을 말하는 것이며

진여의 지혜로 산다는 것은 항상 불심(佛心)의 마니보주를 사용하는 것이네.

13. 無價珍用無盡, 利物應時終不吝,
　　三身四智體中圓, 八解六通心地印.

이 마니보주는 아무리 사용하여도 끝이 없으니

중생을 구제할 때는 인색하지 않게 끝까지 자비를 베풀고

16

삼신(三身)과 사지(四智)를 구족하여 마니보주를 불법(佛法)에
맞게 원만하게 사용하면
팔해탈(八解脫)과 육신통(六神通)이 심지법문(心地法門)으로
나타나네.

14. 上士一決一切了, 中下多聞多不信,
　　　但自懷中解垢衣, 誰能向外誇精進.
상근기의 수행자는 한 번에 결단하여 일체만법을 깨달아 요달하
고
중하근기의 수행자들은 많이 듣고 많이 보아도 더욱더 확신을
하지 않는 것이며
단지 자신의 마음속에 번뇌 망념의 때를 자신이 깨닫는 것이니
어느 누가 자신의 마음속으로 정진(精進)하는 것을 외부의 모습으
로 수행하는 것이라고 자랑하겠는가?

15. 從他謗任他非, 把火燒天徒自疲,
　　　我聞恰似飲甘露, 銷融頓入不思議.
타인으로부터 비방을 듣게 되어도 그가 비방하는 것을 초월하면
그가 비방하는 것은 불을 가지고 하늘을 태우려고 하는 것과
같아서 헛되이 자신만 피곤하게 되고
비방하는 소리를 만약에 내가 듣게 되면 마치 감로수를 마시는
것과 같은 것은
비방하는 소리를 완벽하게 본성으로 깨달아 바로 부사의(不思議)
한 진여의 지혜로 생활하네.

16. 觀惡言是功德, 此則成吾善知識,
　　不因訕謗起怨親, 何表無生慈忍力.
　악한 말을 듣고 관조하여 진심(瞋心)을 내지 않고 공덕행을 실천
하면
　이렇게 하는 것이 곧바로 나의 선지식이 되어
　헐뜯고 비방하여도 원망하거나 친하다는 마음이 일어나지 않게
되니
　무엇 때문에 조작심으로 자비심과 인욕바라밀을 나타내어 말할
필요가 있겠는가?

17. 宗亦通說亦通, 定慧圓明不滯空,
　　非但我今獨達了, 河沙諸佛體皆同.
　불법(佛法)의 종지(宗旨)를 통달하고 설법도 통달하면
　선정(禪定)과 지혜(智慧)가 분명하게 원만하여 공병(空病)에 빠
지지 않게 되는 것은
　내가 지금 홀로 이 불법(佛法)을 깨달아 요달한 것이 아니며
　제불(諸佛)들이 모두 이와 똑같이 불법(佛法)을 깨달아 체득한
것이었네.

18. 師子吼無畏說, 百獸聞之皆腦裂,
　　香象奔波失却威, 天龍寂聽生欣悅.
　사자후(獅子吼)를 하여 모든 번뇌 망념을 제거하는 설법을 하니
　모든 중생들이 듣기만 하여도 자신들의 고정관념을 버리게 되고
　소승(小乘)으로 수행하는 향상(香象)들도 사위의(四威儀)를 잃
고 흔들거리며
　천룡들도 불법(佛法)을 본심(本心)으로 적청(寂聽, 고요하게 편

안한마음으로 정확하게 들음)하여 환희심이 생겨 수지(受持)하고 수호(守護)하네.

19. 遊江海涉山川, 尋師訪道為參禪,
　　自從認得曹谿路, 了知生死不相干.
강과 바다를 건너 구법(求法)하고 산과 물을 건너 고행하며
스승을 찾아 도(道)를 구(求)하며 참선(參禪)수행을 하고
직접 육조를 만나 조계의 참선수행법을 깨달아 계승하여
불법(佛法)을 요달하니 생사(生死)가 아무런 상관이 없다는 것을 체득하였네.

20. 行亦禪坐亦禪, 語默動靜體安然, 縱遇鋒刀常坦坦,
　　假饒毒藥也閑閑, 我師得見然燈佛, 多劫曾為忍辱仙.
행주좌와(行住坐臥)하는 것이 모두 진여의 지혜로 생활하는 것이고
어묵동정(語默動靜)하여도 항상 자성(自性)은 부동(不動)의 한 도인이니
날카로운 칼날의 위협을 당할지라도 항상 거리낌이 없이 불법(佛法)의 지혜로 생활하며
가령 독약을 먹어야 하는 형벌을 당할 위협이 있을지라도 항상 한가한 한도인으로 살고
나의 본래 스승이신 석가모니불께서 연등불을 친견하고도
다겁(多劫)을 인욕선인으로 수행한 것과 같네.

21. 幾迴生幾迴死, 生死悠悠無定止,

　　自從頓悟了無生, 於諸榮辱何憂喜.

얼마나 많이 망념의 생사(生死)윤회 속에서 살았기에

망념의 생사(生死)윤회에서 벗어나지 못하여 생사(生死)를 멈출 수가 없었는데

자성(自性)이 공(空)이라는 사실을 돈오하여 무생법인을 요달하니

모든 영욕(榮辱) 때문에 어찌 근심하고 즐거워하는 것이 있겠는가?

22. 入深山住蘭若, 岑崟幽邃長松下,

　　優遊靜坐野僧家, 闃寂安居實瀟灑.

깊은 심산(深山)에 사는 것처럼 항상 아란야에서 거주(居住)하니

높고 험한 산의 깊은 계곡에 사는 오래된 소나무 아래에서 불심(佛心)으로 사는 한도인과 같고

자유자재하게 생활하며 좌선하는 곳이 좌도량이고 아란야가 되어

고요하고 편안하게 거주하며 진실로 청정하네.

23. 覺即了不施功, 一切有爲法不同,

　　住相布施生天福, 猶如仰箭射虛空.

무생법인(無生法忍)을 자각하여 진여의 지혜로 살아가는 것을 요달하게 되면 더 이상 조작적인 공력(功力)을 베풀려고 하지 않아도

일체를 유위법(有爲法)으로 수행하는 것과 다르고

형상에 집착하는 유위법으로 하는 보시(布施)는 천상에 태어나기 위하여 복을 짓는 것이며

비유하면 허공을 향하여 화살을 쏘는 것과 같네.

24. 勢力盡箭還墜, 招得來生不如意,
　　爭似無爲實相門, 一超直入如來地.
　화살의 힘이 다하면 화살이 땅으로 떨어지게 되는 것처럼
복력(福力)이 다하고 나면 앞으로 하는 일은 마음대로 잘되지
않게 되고
　무위법(無爲法)으로 보시(布施)를 행하며 실상(實相)의 법문(法
門)을 하고 진여의 지혜로 생활하면
　한 번에 바로 여래의 경지에서 생활하게 되네.

25. 但得本莫愁末, 如淨瑠璃含寶月,
　　旣能解此如意珠, 自利利他終不竭.
　오직 불법(佛法)의 근본인 진여의 지혜로 생활하는 법을 체득하기
만 하면 지말(枝末)의 방편은 걱정하지 않아도 되어
　맑은 유리구슬 속에 마니보주가 들어 있는 것과 같게 되니
　이미 이 마니보주(여의주)를 자신이 능히 찾아 생활하면
　자신도 깨닫게 되고 타인들도 깨닫게 하여 끝없이 계승하네.

26. 江月照松風吹, 永夜淸宵何所爲,
　　佛性戒珠心地印, 霧露雲霞體上衣.
　한도인의 생활은 강물에 비치는 달빛처럼 자연스럽고 있는 곳은
시원한 솔바람이 불어오는 좌도량이니
　밤이 길고 고요하게 되어 무슨 일을 더 조작으로 할 필요가 없고
　자신의 불성(佛性)을 자각하여 무상계(無相戒)를 체득하니 자유
자재로 활용하는 마니보주는 심지법인(心地法印)이 되며
　안개·이슬·구름·노을과 같은 삼라만상이 모두 내 몸의 의발이
네.

27. 降龍鉢解虎錫, 兩股金鐶鳴歷歷,

　　不是標形虛事持, 如來寶仗親蹤跡.

화룡(火龍)외도(外道)를 항복받아 발우에 넣고 호랑이와 같이 사나운 싸움을 석장(錫杖)으로 해결하듯이

　양쪽의 육환장 소리가 아직까지 귓전에 역력하게 울리는 것은

　이것이 한도인의 모습을 장엄하기 위하여 헛되이 지닌 것이 아니고

　여래의 보배인 주장자를 수지하는 것은 여래의 종적(蹤跡)을 체득하여 실천하는 것이네.

28. 不求真不斷妄, 了知二法空無相,

　　無相無空無不空, 即是如來真實相.

진여(眞如)의 지혜를 구하지도 않고 망념을 단절하려고 하지도 않는 것은

　진망(眞妄)의 두 법이 공(空)하다는 사실을 요달하여 진여의 지혜로 생활(無相)하기 때문이고

　진여의 지혜로 생활하는 것은 공(空)이나 불공(不空)이라는 마음이 없는 몰종적의 실천이니

　이것이 바로 여래의 진실한 모습이네.

29. 心鏡明鑒無礙, 廓然瑩徹周沙界,

　　萬象森羅影現中, 一顆圓明非內外.

불심(佛心)의 거울이 맑아서 비추어 보는데 장애가 없으면

　어디에서나 확연무성(廓然無聖)하여 항상 진여의 지혜로 생활하게 되고

　삼라만상이 마음속에 영상(影像)으로 청정하게 나타나게 되어

일심(一心)의 마니보주를 원만하게 자각하여 성범(聖凡)을 초월하네.

30. 豁達空撥因果, 莽莽蕩蕩招殃禍,
　　棄有著空病亦然, 還如避溺而投火.
단멸공(斷滅空)을 주장하고 인과(因果)가 없다고 하며 외도(外道)로 살면
인과(因果)에 미혹하여 인과(因果)에 떨어져 모든 재앙을 받게 되는 것이고
의식의 대상경계를 포기(抛棄)하고 도리어 공(空)에 집착하면 공병(空病)에 떨어진 것이며
이것은 도리어 물에 익사할 위험을 피하다가 불속에 뛰어든 것과 같은 것이네.

31. 捨妄心取眞理, 取捨之心成巧僞,
　　學人不了用修行, 眞成認賊將爲子.
망심(妄心)을 버리고 진리(眞理)를 취하여야 한다고 하면
취하고 버린다는 그 마음이 바로 (위선적인) 조작심이니
수행자가 이러한 불법(佛法)의 도리를 요달하지 못하면서 조작심으로 수행을 하면
진실로 도둑을 자식으로 인정하여 수행하는 것이 되네.

32. 損法財滅功德, 莫不由斯心意識,
　　是以禪門了却心, 頓入無生智見力.
불법(佛法)의 근본재산을 잃고 진여의 지혜로 살아가지 못하여 공덕이 없게 되는 것은

불법(佛法)을 알지 못하고 심의식(心意識)을 대상으로 아는 것 때문이니

그래서 선문(禪門)에서는 심의식(心意識)을 요달(了達)하라고 하는 것이고

무생(無生)의 지혜를 정확하게 체득하여 진여의 지혜로 살아야 하네.

33. 大丈夫秉慧劍, 般若鋒兮金剛焰,

　　非但能摧外道心, 早曾落却天魔膽.

대장부(大丈夫)가 되어 지혜의 칼을 수지(受持)하여 생활하고

반야지혜의 칼로 망념을 모두 제거하여 진여의 지혜로 자비를 실천하면

비단 능히 외도(外道)의 망심(妄心)을 파괴할 뿐만 아니라

일찍이 천마(天魔)의 간담까지도 떨어지게 하네.

34. 振法雷擊法鼓, 布慈雲兮灑甘露,

　　龍象蹴踏潤無邊, 三乘五性皆惺悟.

법음(法音)을 우레와 같이 하고 법고(法鼓)를 치는 것은 중생을 제도하는 것으로

자비를 펼쳐 번뇌를 제거하고 감로수를 뿌려서 지혜를 증장(增長)시키고

용상(龍象)이 밟고 지나가면 모든 중생들을 한량없이 윤택하게 되니

삼승(三乘)과 오성(五性)의 수행자들이 모두 깨닫네.

35. 雪山肥膩更無雜, 純出醍醐我常納,
　　一性圓通一切性, 一法遍含一切法.
　설산의 비니초는 순수한 진여의 지혜를 말하는 것이니
　내가 진여의 지혜로 생활하며 자비를 실천하여
　진여본성을 원만하게 통달하니 일체법계의 본성이 공(空)하게
되어
　일심(一心)의 법이 일체법을 모두 포섭하네.

36. 一月普現一切水, 一切水月一月攝,
　　諸佛法身入我性, 我性還共如來合.
　하나의 달이 모든 물에 각각 나타나지만
　모든 물에 있는 달은 하나의 달에서 나온 것처럼
　제불(諸佛)의 법신(法身)이 나 자신의 진여본성과 같게 되면
　나의 진여본성이 도리어 여래의 본성과 계합되네.

37. 一地具足一切地, 非色非心非行業,
　　彈指圓成八萬門, 刹那滅却阿鼻業.
　근본의 지혜인 일지(一地)를 구족하여 일체지(一切地)와 계합하
면
　법신으로 공덕(功德)을 실천하여 색(色)이나 마음 그리고 행업
(行業)을 초월하니
　색심행업을 순식간에 초월하고 진여의 지혜로 생활하여 팔만법
문을 원만하게 성취하여
　찰나에 삼아승지겁의 죄업을 벗어나네.

38. 一切數句非數句, 與吾靈覺何交涉,

　　不可毀不可讚, 體若虛空勿涯岸.

일체의 언어문자나 법상(法相)인 보리 · 열반 · 진여 · 해탈 등을 설한 삼승12분교가 고정된 법문(法門)이 아니니

　방편으로 설하신 것이 자신이 신령하게 자각하는 것과는 어떤 관계가 있을 수 없으며

　자신이 자각하여 해탈하는 것은 어느 누구도 방해하고 칭찬할 수도 없고

　자성(自性)의 본체는 허공과 같이 주처(住處)가 없어 한량이 없네.

39. 不離當處常湛然, 覓則知君不可見,

　　取不得捨不得, 不可得中只麼得.

진여의 지혜로 당처(當處)에서 항상 담연(湛然)하게 생활하면

　외부에서 마음을 찾아 깨달으려고 하는 자신들이 바로 진여의 지혜로 사는 것이라는 것을 알고 대상으로 한도인(閑道人)을 친견하지 않고

　진여의 지혜는 취할 수도 버릴 수도 없는 것이니

　얻을 수 없다고 하는 그 마음을 단지 자신이 지혜로 체득하여야 하네.

40. 默時說說時默, 大施門開無壅塞,

　　有人問我解何宗, 報道摩訶般若力.

침묵으로는 몰종적의 지혜를 체득하게 설하며 설법할 때는 진여의 지혜를 체득하게 침묵으로 설하고

　위대한 자비를 베푸는 법문(法門)을 걸림 없이 펼치니

수행자들이 나에게 무슨 종지(宗旨)를 깨달은 것이냐고 물어오면
위대한 반야의 지혜를 체득한 것이라고 대답하네.

41. 或是或非人不識, 逆行順行天莫測,
　　吾早曾經多劫修, 不是等閑相誑惑.
때에 따라 어느 것은 옳다고 하고 어느 것은 그르다고 하여도
사람들이 알아듣지 못하고
역행(逆行)하고 순행(順行)을 하여도 천인(天人)의 알음알이로
는 알지 못하여
나도 지금까지 이것 때문에 많은 세월동안 수행해야 한다고 알고
수행하였는데
이것을 쉽게 알고 등한히 하였는데 이것이 진실로 서로를 속이는
미혹한 수행자가 되지 않게 하는 것이네.

42. 建法幢立宗旨, 明明佛勅曹谿是,
　　第一迦葉首傳燈, 二十八代西天記.
법당(法堂)을 건립하고 종지(宗旨)를 확실하게 펼치는 것은
명명백백하게 세존의 불법(佛法)을 혜능께서 계승하였다는 것이
니
첫 번째로 석가모니께서 가섭존자에게 불법(佛法)을 전한 것이며
이것이 28대 달마조사까지 서천에서 전등(傳燈)한 기록이네.

43. 法東流入此土, 菩提達磨為初祖,
　　六代傳衣天下聞, 後人得道何窮數.
불법(佛法)이 동토(東土)로 유입(流入)되어 이곳까지 계승되어
보리달마를 초조(初祖)로 하니

육조혜능까지 의발을 전한 이것이 천하의 사람들에게 알려져
이후의 수많은 수행자들이 도(道)를 체득하게 되었네.

44. 真不立妄本空, 有無俱遣不空空,
　　 二十空門元不著, 一性如來體共同.
수행(修行)하며 진여의 지혜로 살아가는 것은 무명(無明)의 망념
으로 사는 것이 아닌 근본적으로 공(空)을 실천하는 것이며
유무(有無)를 모두 초월하면 불공(不空)도 역시 공(空)을 실천하
는 것이고
20가지 공문(空門)은 원래부터 집착하지 않게 하는 것이니
진여의 지혜로 살아가면 여래의 본체와 저절로 동등하게 되네.

45. 心是根法是塵, 兩種猶如鏡上痕,
　　 痕垢盡除光始現, 心法雙亡性即真.
마음은 근본이 되고 법(佛法)이 대상경계가 되면
마음과 법이 둘이 되어 거울위의 때와 같고
때와 흔적을 모두 제거하면 지혜광명이 비로소 나타나니
마음과 법이 모두 없어지면 자성(自性, 본성, 불성)이 진실하네.

46. 嗟末法惡時世, 眾生福薄難調制, 去聖遠兮邪見深,
　　 魔強法弱多怨害, 聞說如來頓敎門, 恨不滅除令瓦碎.
말법(末法)의 시절이라고 탄식하고 시세(時世)가 악세(惡世)라
고 하는 것은
중생들이 박복하여 자신을 제어하고 조복받기 어렵기 때문이니
성자들이 가신지 오래되고 사도(邪道)들의 견해가 깊어져서
마장(魔障)은 많아지고 불법(佛法)은 미약하게 되어 원망하며

해치는 일이 많고
　여래께서 설하시는 돈교법문을 듣고도
　마왕은 사견으로 돈교법문을 제거하여 없애지 못하는 것을 한탄
하네.

　47. 作在心殃在身, 不須怨訴更尤人,
　　　欲得不招無間業, 莫謗如來正法輪.
　자신의 마음으로 조작하여 업을 짓고 재앙을 자신이 받는 것이니
　반드시 사람들이 나와 맞지 않다고 하여 원망하고 원통(訴)해
하지 말아야 하며
　무간지옥의 죄업을 초래하지 않고자 하면
　여래께서 설하신 정법(正法)을 비방하지 말아야 하네.

　48. 旃檀林無雜樹, 欝密深沈師子住,
　　　境靜林間獨自遊, 走獸飛禽皆遠去.
　전단나무숲에는 잡목이 없으니
　전단나무숲이 아주 울창하고 깊어 사자만 살고
　경계가 고요한 숲속에서 사자가 홀로 유유자적하여
　다른 짐승이나 새들은 모두 멀리 달아나네.

　49. 獅子兒衆隨後, 三歲即能大哮吼,
　　　若是野干逐法王, 百年妖怪虚開口.
　사자의 새끼를 많은 중생들이 뒤따르는 것은
　세 살의 사자(獅子)도 곧바로 능히 큰 사자후(師子吼, 獅子吼)를
할 수 있기 때문이고
　여우가 법왕(法王)을 쫓아낸다고 하여도

백년 된 온갖 요괴들이 와서 설법을 해도 헛되이 입만 열 뿐
사자후를 못하네.

50. 圓頓敎勿人情, 有疑不決直須爭,
　　不是山僧逞人我, 修行恐落斷常坑.
원만한 돈교의 가르침은 중생심이 없으니
결정하지 못하는 의심이 있으면 곧바로 반드시 결판을 내고
산승이 인상(人相)과 아상(我相)을 드러내지 않은 것은
수행자들이 단견(斷見)과 상견(常見)의 구덩이에 떨어지는 것을
두려워함이네.

51. 非不非是不是, 差之毫釐失千里,
　　是卽龍女頓成佛, 非卽善星生陷墜.
옳지 않은 것도 없고 옳은 것도 없다는 것을 자신이 한다는 것을
분명하게 알면
털끝 만큼만이라도 어긋나게 되면 아주 틀리게 되는 것이니
옳다고 하면 용녀가 바로 성불하는 것과 같은 것이며
옳지 않다고 하면 선성비구가 산채로 지옥에 떨어진 것과 같이
내가 바로 지옥에 떨어지게 되는 것이네.

52. 吾早年來積學問, 亦曾討疏尋經論,
　　分別名相不知休, 入海算沙徒自困.
나도 어려서부터 경론(經論)을 공부하여 익혔고
역시 경론(經論)을 더욱 깊이 토론하고 주해를 탐구하였으나
명상(名相)을 보고 분별하는 마음이 대상경계라는 사실을 알지
못하고 쉬려고 하여서

바다에 가서 백사장에 있는 모래의 수를 세는 무리들처럼 헛되이
피곤하였었네.

53. 却被如來苦訶責, 數他珍寶有何益,
　　　從來蹭蹬覺虛行, 多年枉作風塵客.

　여래께서 다문(多聞)만이 수행이라고 알고 공부한 아난을 꾸짖은
것은
　타인의 진귀한 보배를 세어 자신에게 어떤 이익이 있다고 하는
이들을 위한 것이고
　지금까지 경론(經論)의 공부나 깨달음을 위한 수행이 잘못된
수행이라고 자각하니
　지금까지 많은 세월동안 잘못된 수행으로 풍진객(風塵客, 집
없는 나그네)이었네.

54. 種性邪錯知解, 不達如來圓頓制,
　　　二乘精進沒道心, 外道聰明無智慧.

　여래의 종성(種性)을 깨닫지 못하고 잘못된 알음알이로 (착각하
여) 살면
　여래께서 설한 원돈제(圓頓制)를 통달하지 못하며
　이승(二乘)의 수행법으로는 수행정진을 하여도 도심(道心)이 없
고
　외도(外道)는 아주 총명하여도 진여의 지혜로 살지 못하네.

55. 亦愚癡亦小騃, 空拳指上生實解,
　　執指為月枉施功, 根境法中虛捏怪.
　역시 지혜가 없으면 우치(愚癡)하고 또 아주 어리석은 중생이
되어
　빈손으로 주먹을 쥐고 안에 무엇이 있다고 하면 아이처럼 실제로
있다는 견해를 내고
　달을 가리키는 손가락에 집착하여 불성(佛性)을 잘못알고 공부하
며
　육근(六根)과 육경(六境)으로 된 법(法) 중에서 헛되이 괴상하게
조작하여 불성(佛性)을 찾게 되네.

56. 不見一法即如來, 方得名為觀自在,
　　了即業障本來空, 未了還須償宿債.
　한 법(法)도 의식의 대상으로 알지 않으면 여래로 살고
　비로소 이것을 체득해야 관자재보살이라 할 수 있으며
　여래의 종성(種性)이 공(空)이라는 사실을 요달하면 업장(業障)
도 본래부터 공(空)이 되어 한도인(閑道人)으로 살지만
　죄와 복의 본성이 공(空)이라는 사실을 요달하지 못하면 도리어
숙채(宿債)를 갚아야 하네.

57. 飢逢王饍不能餐, 病遇醫王爭得差, 在欲行禪知見力,
　　火中生蓮終不壞, 勇施犯重悟無生, 早時成佛于今在.
　굶주리다가 왕의 밥상이 자신에게 주어져도 먹지 못하니
　환자가 의왕(醫王)을 만나도 믿고 실천하지 않아서 치료를 하지
못하고
　욕계에서도 진여의 지혜로 살아가면 한도인(閑道人)이 되어 불성

32

(佛性)을 명확하게 친견한 사람이니

　　불 속에서도 연꽃으로 피어 끝까지 타지 않고
　　용시비구가 중죄를 짓고도 무생법인(無生法忍)을 깨달아
　　벌써 성불하였다는 것이 전해져 지금까지 이어지고 있네.

58. 師子吼無畏說, 深嗟懵懂頑皮靼,
　　　只知犯重障菩提, 不見如來開祕訣.

　　사자후를 하며 두려움 없이 설법을 하는 것은
　　총명한 지혜가 없어 알아듣지 못하고 고집불통으로 사는 중생들
을 불쌍히 여기는 것이며
　　단지 중죄(重罪)를 범(犯)하면 깨달음을 장애하는 것이라고만
알면
　　여래께서 비결을 개시(開示)하신 죄복(罪福)의 자성(自性)이 공
(空)이라는 사실을 돈오하지 못하네.

59. 有二比丘犯婬殺, 波離螢光增罪結,
　　　維摩大士頓除疑, 還同赫日銷霜雪.

　　어느 두 비구가 음행과 살생을 하여서 참회하여 삼악도를 벗어나
게 하려고 설법을 하는데
　　우바리의 반딧불과 같은 법문은 소승(小乘)의 수행법으로 죄만
더 늘어나게 되지만
　　유마거사는 의혹을 바로 제거하는 불이법문(不二法門)을 하여
　　밝은 태양이 서리와 눈을 녹이는 것과 같이 죄업도 사라지게
하네.

60. 不思議解脫力, 此即成吾善知識, 四事供養敢辭勞,
    萬兩黃金亦銷得, 粉骨碎身未足酬, 一句了然超百億.

(불이법문(不二法門)은) 불가사의한 진여의 지혜로 해탈하게 하
는 일승의 원돈(圓頓)법문이니

이와 같은 것이 나를 성불(成佛)하게 하는 선지식이고

네 가지(衣服, 臥具, 飮食, 醫藥)의 공양 받는 응공(應供)의 수행
을 하지 않으면

하루에 황금 만 냥을 사용할 수 있는 한도인(閑道人)도 사라지게
되고

뼈가 가루가 되고 몸이 부서지게 하여도 그 은혜를 갚을 수 없지만

이 일구(一句)를 깨닫게 되면 무상도(無上道)를 이루게 되네.

61. 法中王最高勝, 河沙如來同共證,
    我今解此如意珠, 信受之者皆相應.

불법(佛法)을 설하는 것이 최고로 수승한 왕이니

항하사와 같은 여래들도 똑같이 이 불법(佛法)을 증득하였으며

내가 지금 이 불법(佛法)을 깨달아 여의주를 사용하는 것은

모두가 자신의 여의주를 확신하고 수지(受持)하면 모두가 불법
(佛法)과 상응(相應)하게 되네.

62. 了了見無一物,   亦無人亦無佛,
    大千世界海中漚, 一切聖賢如電拂.

자신의 불성(佛性)을 요달하여 무일물(無一物)이라는 사실을 친
견하면

역시 고정된 중생도 없고 또 고정된 부처도 없게 되어

삼천대천세계가 모두 법해(法海)속의 물거품과 같으며

34

일체의 성현들도 모두가 번갯불처럼 지나가는 것과 같네.

63. 假使鐵輪頂上旋, 定慧圓明終不失,
　　　日可冷月可熱, 眾魔不能壞眞說.

설령 뜨거운 무쇠덩이를 머리위로 돌리면서 위협을 할지라도
정혜(定慧)가 원만하고 명확하여 끝까지 불법(佛法)을 상실하지
않으니
태양을 식히고 달을 가열하는 능력이 있다고 설하여도
모든 마군(魔軍)들이 불법(佛法)의 진실한 설법을 파괴할 수 없네.

64. 象駕崢嶸謾進途, 誰見螳蜋能拒轍,
　　　大象不遊於兎徑, 大悟不拘於小節.

코끼리가 끄는 수레가 험한 길을 질주하듯이 나아가면
당랑(螳蜋, 螳螂, 사마귀)이 수레바퀴를 가로 막는다고 해도 누가
알 것이며
큰 코끼리는 토끼가 다니는 길로 다니지 않으니
위대한 깨달음을 체득한 대승인은 소승의 절개(節介)에 구속받지
않네.

65. 莫將管見謗蒼蒼, 未了吾今爲君決.

대롱구멍 같은 좁은 소견을 가지고 푸르고 넓은 창공을 비방하지
말고
아직까지도 진여의 지혜로 살면서도 깨달아 요달하지 못하기에
내가 지금 그대들에게 한도인(閑道人)을 친견하게 하려고 설하는
것이네.

증도가(證道歌) 역주(譯註)

가. 법신(法身)을 친견

★ 君不見.

【번역】
그대들은 진여의 지혜로 살면서도 한도인(閑道人)을 자신이 친견하지 못하고 있다고 하는 것을 들어보지 못했는가?

1. 絕學無爲閑道人, 不除妄想不求眞,
   無明實性即佛性, 幻化空身即法身.
   ㉯ : (絕學無爲閒道人, 不除妄想不求眞,
        無明實性即佛性, 幻化空身即法身.)

【번역】
불법(佛法)의 가르침을 모두 초월하여 차별분별하지 않고 진여(眞如)의 지혜로 살아가는 한도인(閑道人)은
망상(妄想)을 제거하려고 하지도 않고 진여(眞如)의 지혜를 구하지도 않고
무명(無明)의 실성(實性, 실제의 본성)이 바로 불성(佛性)이라고 자각하여
환화(幻化)와 같은 육신(肉身)이 청정한 공신(空身)이라는 사실을 자각하여 바로 법신(法身)으로 살아가네.

※ 君不見(군불견) : 군(君)은 본성(本性)으로 살아가는 한도인(閑道人)이 자신이라는 사실을 확인하기 위한 것이고, 또 군(君)을 그대들이라고 한 것은 수행자들이 바른 수행을 하게끔 설한 내용이기에 그대들이라고 한 것이며, 군(君)을 자성(自性)이나 진인(眞人)이라고 한 것은 수행자들이 진인(眞人)과 자성(自性)을 친견(親見)하려고 수행하기 때문이다.

불견(不見)은 한도인(閑道人)을 보지 못한 이유가 지혜와 진여의 지혜가 무엇인지 모르기 때문에 자신이 자성(自性)을 모른다고 한 것이고, 군(君)을 한도인(閑道人)에 비유한 것은 자성(自性)은 시공(時空)을 초월해야하기 때문이다.

자신이 한도인(閑道人)이면서도 외부에서 한도인(閑道人)을 구(求)하려고 하고 있기 때문에 무상심심미묘법(無上甚深微妙法) 백천만겁난조우(百千萬劫難遭遇)라고 하였다는 것을 알면 저절로 고개가 숙여질 것이다.

※ 絕學無為閑道人(절학무위한도인) : 절학(絕學)무위(無爲)란 무위법(無爲法)의 가르침을 바로 실천하는 것을 절학(絕學)이라고 하는 것이어서 무위(無爲)의 한도인은 불법(佛法)의 가르침을 모두 초월하여 차별분별하지 않고 진여(眞如)의 지혜로 살아가는 사람을 말한다.

소승(小乘)의 유위법(有爲法)으로 공부하지 않고 대승(大乘)의 무위법(無爲法)으로 수행한다고 하는 것은 출가하여 출세간의 보살도를 실천하는 한도인(閑道人)을 의미하므로 절학(絕學)무위(無爲)가 된다.

그러므로 현자(賢者)로 살아가고자 한다면 유위법(有爲法)으로 공부하여 명예와 부나 권력을 가져서 모든 사람들이 흠모하는 현자(賢者)나 지도자(대표)가 되어야 한다.

그러나 여기에서는 무위(無爲)의 한도인(閑道人)으로 살아가고자 하는 것이니 무위법(無爲法)으로 수행해야하는 것이고, 무위법(無爲法)으로 수행하면 도(道)와 화합하여 공(空)을 실천하게 되고, 번뇌 망념에서 벗어나 항상 무위(無爲)의 도인(道人)으로 살아가므로 일체법을 초월하여 진여의 지혜로 살아가는 절학(絶學)의 무위(無爲) 한도인(閑道人)이라고 한 것이다.

※ 不除妄想不求眞(부제망상불구진) : 망상(妄想)과 진리(眞理)를 제거하거나 추구하지 않는다고 하는 것은, 망진(妄眞)이 모두 공(空)이라는 사실을 증득했기 때문이다.

망진(妄眞)이 공(空)이라는 사실은 자성(自性)이 공(空)이라는 것이고, 제거하거나 추구하지 않는다고 하는 것은 공(空)을 실천하여야 한도인(閑道人)이라는 사실을 다시 증명(證明)하고 있는 것이다.

중생들은 번뇌 망념을 쉬지 못하여 쉬려고하기 때문에 고통이 있는 것이고, 번뇌 망념을 자신의 불법(佛法)으로 돈오(頓悟)하여 살아가는 보살은 번뇌가 바로 보리가 되므로 제거하려고 하지 않는다고 한 것이다.

그리고 한도인은 자신이 불법(佛法)에 맞게 보살도를 실천하지만, 자신이 보살도를 실천한다는 생각을 하지 않고, 몰종적으로 살아가므로 추구하지 않는다고 한다.

※ 無明實性卽佛性(무명실성즉불성) : 망진(妄眞)을 모두 초월하여 한도인(閑道人)으로 살아가려고 하면 자신의 진실한 본성이 공(空)이라는 사실을 증득해야 한다.

즉 무명(無明)의 실성(實性)이 공(空)이라는 사실을 자각하여 삼학(三學)에 맞게 살아가는 근본이 불성(佛性)이라고 설하고 있다.

자신이 자각하여 진여의 지혜로 살아가면 무명(無明)의 실성(實性, 진실한 실제의 本性)이 바로 불성(佛性)이라는 사실을 알게 되는 것이기에, 앞단에 설한 한도인(閑道人)으로 망진(妄眞)을 초월하여 살아가게 된다고 하고 있다.

중생심이 아무리 많고 번뇌가 아무리 많아도, 한도인(閑道人)은 진여의 지혜로 생활하기에 불퇴전(不退轉)의 신심(信心)이 흔들리지 않게 된다.

다시 거듭하여 설명하면 사족이 되겠지만 덧붙인다면 무명(無明)[1]은 무지(無知)와 무신(無信), 무견(無見) 등을 말하는데 자신이 탐욕에 눈이 멀어서 지혜가 없어 자신이 불법(佛法)을 알지 못하는 것이지만 자신이 불법(佛法)에 맞는 지혜가 없다는 사실을 자각하는 실재(實在)의 본성(本性)이 바로 불성(佛性)이라고 말하고 있다.

깨닫고 보면 번뇌 망념(妄念)이 바로 보리(菩提)인 것이고 망념의 생사(生死, 망념이 생기고 사라지는 것)가 바로 열반이 되는 것이기에 생사(生死)가 없으면 열반과 보리를 구할 필요 없이 불좌(佛座)에 앉게 되고 부처로서 불법(佛法)을 활용[2]하게 되는 것이다.

---

1) 『增壹阿含經』卷23「增上品　31」(『大正藏』2, 672쪽. 하1.) : 「所謂無明者, 無知, 無信, 無見, 心意貪欲恒有希望. 及其五蓋, 貪欲蓋, 瞋恚蓋, 睡眠蓋, 調戲蓋, 疑蓋. 若復不知苦, 不知習, 不知盡, 不知道, 是謂名為無明流.」
2) 『宗鏡錄』卷37(『大正藏』48, 633쪽. 중11.) : 「若生死卽涅槃, 煩惱卽菩提, 是理卽. 若能暫照諦理, 卽坐佛座, 證佛身, 用佛法. 當此一念圓現時, 不見十方佛, 異我此身此念也.」

※ 幻化空身即法身(환화공신즉법신) : 공신(空身)이 환화(幻化)라고 하는 것은, 지금 살아 있는 자신이 불성(佛性)으로 살아가는 한도인(閑道人)이라는 사실을 말하는 것이고, 불법(佛法)을 실천하는 근본이 법신(法身)3)이라고 설하는 것이다.

그리고 법신(法身)으로 보신(報身)이 되어 화신(化身)으로 살아가는 사람을 한도인(閑道人)이라고 하는 것을 다시 강조하고 있다.

중생들의 육신(肉身)은 자신들이 자신을 나타내려고 하는 고정된 마음의 형상을 가진 형태가 있는 모습이므로 환화공신(幻化空身)이라고 할 수 없다.

즉 자신이 늙지 않은 모습을 보이려고 하거나 강건하고 우아한 32상 80종호를 갖춘 자신을 나타내려고 하는 것이므로, 환화(幻化)의 공신(空身)이 아니다.

무명실성(無明實性)이 불성(佛性)이라는 사실을 자각하면, 중생신(衆生身)이 법신(法身)이 되는 것이므로, 환화(幻化)와 같은 육신(肉身)이 되어 공신(空身)이 된다.

중생(衆生)으로 살아가면 삶이 탐진치(貪瞋癡)가 가득하여 허망

---

3)『最勝問菩薩十住除垢斷結經』卷2「廣受品」7(『大正藏』10, 981쪽. 상9.) : 「夫法身者, 不可覩見, 亦無形像.」
『大智度論』卷50「發趣品」20(『大正藏』25, 418쪽. 중10.) : 「此中佛自說 :「見法身者, 是為見佛.」法身者, 不可得法空. 不可得法空者, 諸因緣邊生法, 無有自性.」
『景德傳燈錄』卷28(『大正藏』51, 441쪽. 상19.) : 「心無形相, 即是微妙色身, 無相即是實相法身. 性相體空即是虛空無邊身, 萬行莊嚴即是功德法身. 此法身者乃是萬化之本, 隨處立名, 智用無盡名無盡藏. 能生萬法名本法藏. 具一切智是智慧藏, 萬法歸如名如來藏.」
『法華玄義釋籤』卷4(『大正藏』33, 841쪽. 하1.) : 「「體即五分法身」者, 無作戒為戒身, 無漏淨禪為定身, 無漏慧為慧身. 二種解脫為解脫身; 一者有為解脫, 謂無漏智相應. 二者無為解脫, 謂一切煩惱無餘也. 又盡智為解脫身, 無生智為解脫知見身.」
『仁王護國般若經疏』卷2「序品」1(『大正藏』33, 261쪽. 중12.) : 「五分法身者, 一戒身, 二定身, 三慧身, 四解脫身, 五解脫知見身.」

한 것이 되고, 자각(自覺)하여 항상 한도인(閑道人)으로 살아가면
법신(法身)으로 자신이 극락세계에서 항상 살게 된다.

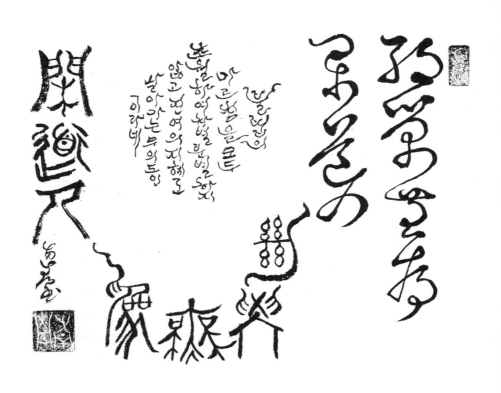

〔絕學無為閑道人〕

2. 法身覺了無一物, 本源自性天真佛,
　　五陰浮雲空去來, 三毒水泡虛出沒.

【번역】

(자신이 법신(法身)이라는 사실을) 자각(自覺)하여 마치면 무일물(無一物)이고

본래부터 근본적으로 자성(自性)이 천진불이라는 사실을 자각(自覺)하면

오음(五陰)의 망념(妄念)이 거래(去來, 가고 옴)하여도 청정하며

삼독(三毒)의 탐진치(貪瞋痴)가 물거품처럼 출몰하여도 청정하네.

【해설】

※ 法身覺了無一物(법신각료무일물) : 자신이 법신(法身)이라는 사실을 자각(自覺)하면 본래 무일물(無一物)이라는 사실을 확신하게 된다고 설하고 있다.

즉 무명(無明)실성(實性)이 불성(佛性)이라는 사실을 자각하여 공(空)을 체득하면 자신이 법신(法身)이라는 사실을 확신하게 되어 무일물(無一物)로서 진여의 지혜로 몰종적(沒蹤跡)으로 살아가는 한도인(閑道人)이라고 설하고 있다.

※ 本源自性天真佛(본원자성천진불) : 천진불(天眞佛)은 진실한 부처라고 하는 것인데, 진실한 부처의 자성(自性)이 불성(佛性)이므로 근본적으로 본래 가지고 있는 것이 자성(自性)이라고 한다.

무일물(無一物)이라는 것은 무명(無明)실성(實性)이 불성(佛性)이고 자성(自性)이라는 사실을 자각하였다는 것을 나타내는 것이

고, 이렇게 자각하고 나면 진불(眞佛)이 되는 것이므로 천진불(天眞佛)이라고 한다.

어느 누구나 자신이 자각하면, 자성(自性)이 불성(佛性)이 된다는 사실을 강조하기 위하여, 진불(眞佛)이나 천진불(天眞佛)이라고 하고 있다.

※ 五陰浮雲空去來(오음부운공거래) : 오음(五陰, 五蘊, 색수상행식)이 공(空)이라는 사실을 자각하고 공(空)으로 살아가는 것을 공거래(空去來)라고 하여 몰종적(沒蹤跡)을 강조하고 있다.

뜬구름에 비유한 것은 막힘이 없다는 것이고 어디에서나 청정한 한도인(閑道人)은 자유자재로 살아간다고 하는 것을 나타낸다.

"중생심으로 살아가는 사람을 죽은 사람" 이라고 고인(古人)이 말하고 있는 것처럼, 중생심으로 살아가지 말고 불심(佛心)으로 살아야 바른 삶을 살게 된다고 아공(我空)을 설하고 있다.

※ 三毒水泡虛出沒(삼독수포허출몰) : 오온(五蘊)이 공(空)이므로 탐진치(貪瞋痴)가 아무리 치성하더라도 다시 탐진치(貪瞋痴)에 물들지 않기 때문에 물거품이라고 한다.

탐진치(貪瞋痴)를 따라다니면 중생이 되는 것이고, 탐진치(貪瞋痴)의 주인이 누구인지를 알고 계정혜(戒定慧)로 살아가면 항상 청정한 한도인(閑道人)이다.

탐진치(貪瞋痴)가 뜬구름처럼 출몰(出沒)한다는 사실을 알아야 하는데, 뜬구름이 실체가 있다고 생각하여 탐진치(貪瞋痴)에 물들어버리면 항상 물거품과 같은 삶을 살게 된다.

요즘은 이것을 진실이라고 생각하기에 말법(末法)의 시대라고 하는 것이지 말세(末世)나 말법(末法)은 다른 곳에 있는 것이 아니고 자신의 마음속에 있는 것이다.

그러므로 수행자들이 항상 불국토에서 극락의 삶을 살아가기를 바라는 간절한 자비심(慈悲心)으로 이와 같이 법공(法空)을 설법(說法)한 것이라는 사실을 알아야 부처의 은혜를 갚게 된다.

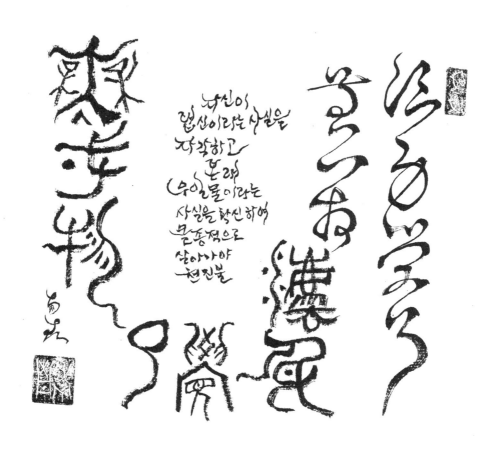

내 자신이
법신이라는 사실을
자각하고
본래
(유일물)이라는
사실을 확신하여
무종적으로
살아가야
천진불

[法身覺了無一物]

3. 證實相無人法, 刹那滅却阿鼻業,
   若將妄語誑眾生, 自招拔舌塵沙劫.

【번역】

이와 같이 여시하게 실상(實相)을 자각하여 증득하면 중생심의
인(人, 我, 主)과 법(法, 경계, 客)이 없게 되니
순식간에 아비지옥의 업(業)이 사라지며
만약에 이것이 거짓으로 중생을 속이는 거짓말이라면
내 자신이 영원히 혀가 뽑히는 지옥에서 살겠다고 스스로 자초하
는 것이네.

【해설】

※ 證實相無人法(증실상무인법): 오온(五蘊)이 공(空)이라는 사실
을 확신하면 탐진치(貪瞋痴)가 물거품이라는 사실을 증득하게 된
다.
　이것을 자신이 직접 자각하여 증득하는 방법은 일체의 업장(業障)
을 참회하여 자성(自性)이 공(空)이라는 사실을 자각하고 실천해야
한다.

※ 刹那滅却阿鼻業(찰나멸각아비업) : 공(空)이라는 사실을 알려고
하면 탐진치(貪瞋痴)의 근원이 아상(我相)과 인상(人相)에 의한
것이라는 것을 자각해야하고, 또 이것을 인식하여 알고 있는 만법
(萬法)이 공(空)이라는 사실을 확신하여야 순식간에 아비지옥의
업장(業障)이 사라지게 된다.
　다시 말하면 인법(人法)이 자신의 대상경계와 하나 되는 것을
실상(實相)을 증득했다고 하는 것이고, 대상경계와 하나가 되지

46

못하면 자신의 만법(萬法)이 아닌 것이 되어 지식으로 살아간다고
한다.
　그러므로 무인법(無人法)이 되어야 찰나에 아비지옥의 업장도
없어지는 것이 된다.

※ 若將妄語誑眾生(약장망어광중생) : 오온(五蘊)이 공(空)이라는
사실과 참회하여 아비지옥의 업장(業障)이 없어진다는 말이 거짓말
이 아니라고 다시 강조하고 있다.

※ 自招拔舌塵沙劫(자초발설진사겁) : 앞에 한 말이 거짓말이라면
자신이 말을 잘못하여 타인을 고통 받게 한 과보로 자신의 혀를
뽑아서 밭을 갈게 하는 지옥의 고통을 지금부터 영원히 죽을 때까지
받겠다고 하는 것은, 그 당시에도 수행자들이 잘 믿지 않았다는
사실을 증명하고 있는 말이다.
　1300년 이전에도 이와 같이 받아들이지 않았다고 하는 것을
지금에 와서 이렇게 확인하여 보면, 지금은 확실하게 더더욱 믿지
않게 되는 것이 분명하다는 것을 예견할 수 있다.

4. 頓覺了如來禪, 六度萬行體中圓,
　夢裏明明有六趣, 覺後空空無大千.

【번역】

　자신이 법신(法身)이라는 사실을 정확하게 돈오하여 여래가 되어
진여의 지혜로 생활하면

　진여의 지혜로 육도만행을 본체에 맞게 원만하게 실천하게 되니
　꿈속에서는 명명백백하게 육도윤회를 하는 것이 있었지만
　깨달은 후에는 진여의 지혜로 몰종적(沒蹤跡)의 생활을 하니
삼천대천세계도 없네.

【해설】

※ 頓覺了如來禪(돈각료여래선) : 바로 자성(自性)이 공(空)이라는
사실을 요달하여, 자신이 법신(法身)이라는 사실을 깨달아 알게
되면, 여래로서 살아가게 된다.

　그러므로 여래선의 경지가 되고자하면 진여의 지혜로 불법(佛法)
에 맞게 살아가야 한다.

　견성(見性)하는 것은 자신의 본성(本性)을 공(空)이라고 돈오(頓
悟)하는 것이므로, 분명하게 요달(了達)하여 대상경계의 만법(萬
法)과 삼매(三昧)가 되어야 한다.

　경계지성(境界之性)의 경지가 되는 것을 돈각(頓覺)이라고 하는
것이고, 이와 같이 견성(見性)하여 실천하는 것을 성불(成佛)이라고
하는 것을 여기에서는 여래선(如來禪)이라고 한 것이다.

※ 六度萬行體中圓(육도만행체중원) : 여래로서 육도(六度)[4]에서
만행(萬行)을 실천하려면, 조금도 불법(佛法)에 어긋나지 않고 원만
하게 살아야 한다.

육도만행(六度萬行)은 육바라밀을 실천하는 대승불교의 보살도
(菩薩道)를 말하는 것이며, 이것을 어떻게 실천하여야 한다는 것을
체중원(體中圓)[5]이라는 한마디로 표현하고 있다.

즉 견성(見性)은 본성(本性)을 명백하게 불성(佛性)이라고 요달
하여야 하는 것을 육바라밀의 체(體)는 차별이 없다고 하고 원만(圓
滿)하여야 육도만행을 어디에서나 실천할 수 있다고 설하고 있는
것이다.

※ 夢裏明明有六趣(몽리명명유육취) : 탐진치(貪瞋痴)에 오염되면
중생으로 삼계에서 육도윤회를 하게 되는 것을 명백하게 알아야
한다.

탐진치에 오염되어 꿈속에서 깨어나지 못하게 되면 윤회(輪廻)의
고통(苦痛)을 받는 것이지만, 자성(自性)이 공(空)이라는 사실을
자각하여 체득하고 나면 무일물(無一物)이라고 돈오(頓悟)하게 된
다.

---

4)『金剛經註解』卷1(『卍續藏』24, 771쪽. 상20.) :「六度者, 布施度慳貪,
持戒度毁犯, 忍辱度嗔恚, 精進度懈怠, 禪定度昏散, 智慧度愚癡.」
5)『銷釋金剛經科儀會要註解』卷7(『卍續藏』24, 726쪽. 하16.) :「體中圓者, 以
法相宗中所說, 轉八識為四智, 束四智為三身. 轉前五識為成所作智, 轉第
六識心王為妙觀察智, 轉第七識為平等性智, 轉第八識為大圓鏡智也. 束四
智為三身者, 以成所作智為報身. 以妙觀察, 平等性二智為化身. 以大圓鏡
智為法身. 此三身, 雖有三名, 體中無異. 故云, 體中圓, 即一體之中, 圓具
三身四智. 如摩尼寶有圓滿相, 有光明用, 隨方現色相也.」

※ 覺後空空無大千(각후공공무대천) : 자성을 공(空)이라고 깨닫고
나면 본래무일물(本來無一物)이 되므로 삼천대천세계도 존재하지
않는다.

　이것을 다시 설명하면 자성(自性)이 공(空)이고 불성(佛性)이라
고 깨닫기 이전에는 중생심의 탐진치와 오욕락에 물들어 있는 것이
다.

　중생심의 탐진치와 오욕락이 환상(幻想)이라는 사실을 인정하고
바른 삶을 살아가라고 계정혜(戒定慧)를 주장하고 있다.

　여기에서 깨닫고 난 이후에는 공공(空空)을 주장하고 있는 것은
몰종적을 나타내는 것이므로 시공(時空)을 초월해야 한다는 것을
강조하고 있는 것이다.

　깨달음을 전지전능한 깨달음에 도달하여야 부처가 된다고 하는
신앙을 가지고 있다면 부처는 아주 멀리 있기에 보통의 사람들이
부처가 되기는 어려운 것이 된다.

　그러나 부처를 아주 가까이에서 자신의 마음으로 돌아오면 어느
누구나 평등하게 되어 육조혜능이나 원효스님이 부처가 되는 것이
고 더 가까이에는 임제스님이 주장하고 있듯이 어느 누구나 살아
있는 사람들이 부처가 되는 것이기에 불교를 위대하다고 하는 것이
다.

　이와 같지 않으면 삼천대천세계가 탐진치(貪瞋癡)에 물든 세계가
될 것이지만 깨닫고 나면 오염된 세계는 사라지고 계정혜로 살아가
는 청정한 삼천대천세계가 다시 존재하게 된다는 사실이다.

5. 無罪福無損益, 寂滅性中莫問覓,
   比來塵境未曾磨, 今日分明須剖析.

【번역】

죄(罪)와 복(福)의 자성(自性)이 없으므로 자신의 불성(佛性)은 손익(損益)이 없고

적멸(寂滅)한 자신의 불성(佛性)에 맞게 진여의 지혜로 생활하면 무엇을 찾고 무엇을 물을 것이 없는데도

지금까지 고행(苦行)을 해도 업(業)으로 더러워진 자신의 심경(心鏡)을 아직까지 닦아보지 못했었는데

금일(今日)에야 분명하게 확실히 심경(心鏡) 닦는 법(佛性)을 깨달아 체득하였네.

【해설】

※ 無罪福無損益(무죄복무손익) : 자성(自性)이 공(空)이라는 사실을 자각하고 나면, 중생심으로 윤회(輪廻)하는 삼계(三界)를 벗어나 한도인(閑道人)으로 살게 되는 것이고, 자신이 한도인(閑道人)으로 살아가게 되면, 손익(損益)이라는 차별경계가 사라지게 된다.

본래무일물(本來無一物)의 세계에서 항상 자신이 여래로 살아간다면, 무슨 근심걱정이 있을 것이며 어떻게 행복하지 않겠는가?

항상 행복하게 세간에서 출세간의 삶을 살아간다는 것을, 자신이 자각하여야 진여의 지혜로 살아가게 된다고 강조하고 있다.

※ 寂滅性中莫問覓(적멸성중막문멱) : 진여의 지혜로 살아가는 세계가 열반적정(涅槃寂靜)의 세계라는 사실을 깨달으면, 공(空)이나 도(道)가 무엇인지 물을 필요가 없게 되는 것이고, 자성(自性)이나 불성(佛性)을 찾아서 헤맬 필요가 없다고 설하고 있다.

자기의 본성(本性)을 자성(自性)이라고 하는 것은 수행자들에게 하는 말이기에 가능한 것이므로 자성(自性)이 공(空)하다고 하는 것이다.

자성이 공(空)하기 때문에 무념(無念)으로 진여본성과 똑같이 생각하는 진여의 지혜로 무상(無相)으로 생활하되 무주(無住)의 몰종적인 삶을 살아가면 어디에서나 자유로운 한도인(閑道人)인데 어디에서 무엇을 찾고 물을 필요가 있겠는가?

※ 比來塵境未曾磨(비래진경미증마) : 지금까지 공(空)이나 도(道) 그리고 자성(自性)이나 불성(佛性)등을 찾는다고 고행(苦行)을 하면서도, 진정으로 자신의 마니보주를 닦으려고 한 번도 생각하지 못한다고 수행자들을 경책하고 있다.

수행을 알음알이나 입으로 육근이나 장엄하는 것이라고 알면, 진정한 수행자의 자세가 아니고, 사위의(四威儀)를 올바르게 알고 실천해야, 자신의 더렵혀진 마니보주를 닦게 되는 것이다.

그런데도 어떤 수행자는 심경(心鏡)이나 마니보주가 어디에 있는지도 모르고, 또 자신이 어떻게 닦아야 하는지 모르고 신앙심만 가지고 기다린다면, 어떻게 심경(心鏡)이나 마니보주가 깨끗하여지겠는가?

그러므로 이런 수행자들은 부처는 멀리에 있지 않다는 것을 잘 알아야 한다.

※ 今日分明須剖析(금일분명수부석) : 지금까지 어렵게 공부하여 결실을 맺게 되는 것을 나타내는 장면이다.

지금까지 자신의 마니보주만 오염되게 하는 잘못된 수행에서 벗어나, 진정한 여래로서 살아가게 되는 것을 분명하게 알아야 한다고 설하고 있다.

즉 여기에서 자신이 육조(六祖)를 만나 무생법인(無生法忍)을 체득하였다고 하는 것이라고 할 수도 있지만, 수행자들이 사위의(四威儀)를 구족하여 진여의 지혜로 살아가야 무생법인을 체득하게 되는 것이라고 보는 것이 더 현실적이라고 할 수 있다.

올바른 스승이 적고 경전을 간경할 기회가 적기 때문에 올바른 스승이나 경전 만나는 것을 천재일우(千載一遇)로 생각하는 것이었겠지만, 요즘은 문화가 발달하여 많은 경전을 접할 수 있는 시절이지만 더더욱 멀어지는 것은, 자신의 마니보주가 필요 없는 시대로 접어들고 있다.

즉 부귀영화와 권력을 대를 이어 세습하려고 하는 마음과, 자신들의 영혼은 불멸(不滅)하는 것이라는 괴상한 사상을 가지고, 온갖 불법(不法)을 자행하고 있으니 수행과는 더욱 멀어지게 된다.

지금은 한자리에 앉아서도 대장경을 모두 볼 수 있고, 모든 지식의 매체들을 접할 수 있지만, 정보의 홍수 속에서 무엇이 올바른지 판단하지 못하는 것이 자신을 더 어렵게 하고 있다.

그러므로 기본으로 돌아와서 초기에 부처님이 설한 팔정도(八正道)를 다시 정확하게 알아야 하는 것이 된다.

나. 무생법인(無生法忍)을 증득

6. 誰無念誰無生, 若實無生無不生,
   喚取機關木人問, 求佛施功早晩成.

【번역】

어느 뉘가 무념(無念)으로 살고 어느 뉘가 무생(無生)으로 살겠는가만

만약에 진실로 무생(無生)이 되어 살아간다면 무생법인을 증득하게 되는데도

기관목인(機關木人)처럼 장좌불와(長坐不臥)하는 수행자에게 부처가 어디 있냐고 물어보니

부처를 구하고 재물을 보시하며 공(功)을 베풀면 조만간에 성취한다고 하네.

* (부처를 구하고 보시를 한들 언제 어떻게 부처가 되겠는가?)

【해설】

※ 誰無念誰無生(수무념수무생) : 무념(無念)은 자신의 마음에 망념(妄念)이 없는 것을 말하는 것이고, 망념(妄念)이 없다는 것은 망념(妄念)이 있기 때문에 망념(妄念)을 제거해야 한다고 주장하는 것이 된다.

그러므로 오히려 망념(妄念)이 없을 수 없다는 것을 말하고 있는 것이다.

그러므로 망념(妄念)이 없다면 망념(妄念)이 생기지 않아야 하는 것이 되므로 무생(無生)이라고 한다.

무생(無生)의 경지에서 살아가는 수행자들이 진여의 지혜로 살아가야 하는 것을 역설적으로 강조하고 있다.

그리고 무념(無念)만 주장하면 목석(木石)을 부처라고 해야 하는 것이 되므로, 자신의 마음을 공(空)이라고 자각(自覺)하였으면 언제 어디에서나 항상 진여의 지혜로 살아야 한다.

여기에서 중생심을 없애고 장승처럼 수행하는 수행법을 비판하면서 무생(無生)으로 불생불멸(不生不滅)하는 자성(自性)을 자각하여 실천해야 한다는 것을 강조하고 있다.

※ 若實無生無不生(약실무생무불생) : 만약에 무생(無生)의 경지에 살아가는 수행자가 있다면, 망념(妄念)이 생기지 않는다는 것도 없는 몰종적의 한도인으로 살아가야 한다.

그러나 이것을 중생심으로 망념(妄念)이 있어야 한다고 이해를 한다면 착각하는 것이며, 또 망념(妄念)을 억지로 없애려고 자성을 외부에서 찾는 수행자들의 수행법을 여기에서 비판하고 있다.

한도인(閑道人)을 주장하는 것은 목석(木石)같이 수행을 하되 목석(木石)과 똑같은 수행자가 되지 말기를 바라는 것이지 수행을 하지 말라는 것은 아니다.

여기에서 중요한 것은 지금의 잘못된 수행법을 비판하며 『육조단경』에서 설하는 "무념(無念)을 종지(宗旨)로 하고, 무상(無相)을 본체(本體)로 하고, 무주(無住)를 근본(根本)으로 하는 것" 이라고 주장하고 있는 내용이다.

※ 喚取機關木人問(환취기관목인문) : 여기에서 장승처럼 수행하는 수행자는 무념(無念)이나 무생(無生)을 증득한 수행자를 비유한 것이겠지만 실제로는 꼭두각시처럼 장좌불와(長坐不臥)하며 수행하는 소승의 수행자를 말한다.

즉 자신이 수행(修行)하는 것이 아니고 수행을 대상으로 알고 수행하는 잘못된 수행법으로 번뇌망념만 없애려고 수행하는 어리석은 소승의 수행자를 비판하고 있다.

그리고 자성(自性)을 외부에서 찾으려고 수행하는 수행자들과 공(空)을 잘못이해하고 찾으려고 하는 수행자들을 경책하는 것이다.

기관목인(機關木人)이 무념(無念)과 무생(無生)을 증득하였다고 하면 보살도를 실천하지 않는 벽지불이 수행의 목적이 되는 것이다.

무심(無心)의 경지에서 만족하고 살아가는 것이므로 공(空)을 잘못 알고 불공(不空)을 실천하지 않는 어리석은 수행자를 경책하고 있는 내용이다.

어떤 소승의 수행자는 목석(木石)이 말을 해야 한다고 하며, 또 크게 죽어야 살아난다고 하기도 하고, 또 돌장승이 아이를 낳아야 한다고 하지만 실제로 목석이나 돌장승이 말을 하고 죽었다가 다시 살아나는 일이 없는데도 실제로 있는 것처럼 미혹한 중생들을 더 미혹하게 하는 이도 있는데 이것은 무심(無心)이나 공(空)의 경지를 비유하여 설명하고 있는 것이므로 잘 알아야 한다.

역설적으로 자신이 공(空)을 체득해서 불공(不空)을 실천해야 무생(無生)이고 무념(無念)의 경지에서 보살도를 실천하게 된다고 강조하고 있다고 볼 수 있다.

※ 求佛施功早晩成(구불시공조만성) : 이런 수행자들이 목석(木石)처럼 수행하면 항상 조만간에 부처가 된다고 주장하는 것을 반박하고 있다.

자성(自性)을 공(空)이라고 확신하기를 바라는 저자의 마음을 여기에서 엿볼 수 있는 것이고 저자가 얼마나 간절한 자비심으로 이렇게 말씀하시고 있다는 사실을 간과하지 말아야 한다.

부처를 전지전능한 조물주라고 하는 생각을 버리지 못하고 수행을 한다면, 자신이 전지전능하기를 바라는 수행자가 되는 것이고, 그러면 자신은 확실한 중생이 되는 것이며, 모든 사람들의 독재자가 될 수도 있다는 것이 된다.

그러므로 부처가 되려고 수행을 한다면 역설적으로 부처가 되지 않는다고 말하고 있는 것이 되며, 자성(自性)이 공(空)이라는 사실을 깨닫기 위하여, 잘못된 수행법으로 수행하는 것을 비판하고 있다.

공(空)의 가르침이 목석(木石)이 되는 것이라고 잘못알고 수행하는 수행자들에게 대상으로 아는 신앙의 부처에게 보시를 하고 기도(祈禱)를 하여도 자신의 부처와는 멀어지는 것이고, 또 불공(不空)도 알지 못하게 된다고 하는 것이 된다.

7. 放四大莫把捉, 寂滅性中隨飮啄,
   諸行無常一切空, 即是如來大圓覺.

【번역】

　사대(四大)가 공(空)하다는 사실을 자각하여 집착하지 않으니
　적멸(寂滅)한 본성의 지혜로 생활하며 사위의(四威儀)에 맞게
공양(供養)하고
　제행무상(諸行無常)이므로 일체의 만행(萬行)을 공(空)이라고
자각하여 실천하면
　곧바로 여래의 위대한 원각(圓覺)의 경지를 이루네.

【해설】

※ 放四大莫把捉(방사대막파착) : 자신의 사대(四大) 육신(肉身)을
잘 장엄(莊嚴)하여야 부처가 된다는 잘못된 사상을 지적하는 것이
고, 또 육신(肉身)을 목석(木石)이 되게 조복시켜야 한다고 수행하
는 것도 잘못이라고 설하고 있다.

　사위의(四威儀)에 맞게 한도인(閑道人)으로 생활하면 항상 자비
심으로 살아가기 때문에, 사대육신을 장엄하여서 타인에게 나타내
려거나 우두머리가 되려는 마음이 전혀 없고, 열반적정의 경지에서
살게 되는 것이다.

　전륜성왕이 되어야 부처가 되는 것이라는 잘못된 생각을 깨우쳐
주기 위한 설법이며, 또 무상(無常)한 육신에 대한 집착을 하지
말고 사위의(四威儀)에 맞게 진여의 지혜로 살아가는 것이 한도인
(閑道人)인 것이다.

※ 寂滅性中隨飲啄(적멸성중수음탁) : 열반적정의 경지에서 한도인
(閑道人)으로서 사위의(四威儀)에 맞게 청정하게 공양(供養)을 하
여야 한다고 설하고 있다.

　일반적으로 음식을 먹는데 육신을 장엄하기 위하여 먹는 것은
자신이 진여의 지혜로 살아가지 않고 식탐(食貪)에 빠진 것을 말하
는 것이며, 공양(供養)을 하는 것이 아니고, 자신의 사대(四大)를
장엄하기 위하여 먹는 것이 된다.

　그러므로 자신이 음식을 먹는 이유가 무엇인지 알고 먹어야 한다
고 말하고 있다.

　어느 사람들은 먹고 살빼기 위하여 운동하고, 또 목욕하고 등산한
다고들 하는데, 이것은 욕망을 채우기 위하여 먹는 것이므로 왜
사대(四大)를 공(空)이라고 했는지 잘 사유(思惟)하여야 한다.

※ 諸行無常一切空(제행무상일체공) : 제행무상(諸行無常)이라는
삼법인(三法印)을 제시하는 것은, 일체를 공(空)이라고 자각하여
공(空)을 실천하는 한도인(閑道人)이 되어 살아가라고 하는 것이다.

　그러므로 다음 구절에서는 일체를 공(空)이라고 자각하면 여래의
위대한 원각(圓覺)을 이룬다고 설하고 있지만 실천을 강조하고
있다고 보면 된다.

※ 即是如來大圓覺(즉시여래대원각) : 자신의 제법(諸法)이 공(空)
이므로 원각(圓覺)의 본성(本性)이 되어 여래로서 진여의 지혜로
살아가게 된다.

　즉 자성(自性)이 공(空)이라는 사실을 확신하고 공(空)을 실천해
야 대원각(大圓覺)을 이룬 여래로서 살아가게 되는 것이다.

　원각(圓覺)은 원만(圓滿)하게 자각(自覺)하는 것을 줄인 말인데

진여의 지혜와 같은 뜻이다.

　왜냐하면 원만(圓滿)하다는 것은 공(空)하다는 것이며 자각(自覺)이라는 것은 지혜를 말하는 것이므로 진여의 지혜라고 한 것이다.

　노재 행무상이므로
　일체를 공이라고
　자각하여 空을
　회전하는
　閑道人의 道에
　살아가라
　하네

〔諸行無常一切空〕

8. 決定說表眞乘, 有人不肯任情徵,
  直截根源佛所印, 摘葉尋枝我不能.
 ㉯ : (決定說表眞僧, 有人不肯任情徵,
    直截根源佛所印, 摘葉尋枝我不能.)

【번역】
  결정된 설법을 하여 진정한 일승(一乘, 僧伽)의 모습을 표방한
것이니
  누군가 긍정하지 않고 의심을 하는 것은 중생심으로 요구한 것이
고
  올바르게 근원(根源)을 깨닫는 것이 부처님이 인가(印可)한 것과
같은 것이나
  불법(佛法)에 맞게 진여의 지혜로 생활하려고 하지 않고 부수적인
알음알이로 깨달으려고 하는 사람들을 내가 제도하는 것은 불가능
하네.

【해설】
※ 決定說表眞乘(결정설표진승) : 여래의 대원각을 성취하는 것은,
자성(自性)이 공(空)이라는 사실을 자각하여 진여의 지혜로 살아가
야 여래가 되는 것이므로, 이것을 진정한 일승(一乘)이라고 한다.
  삼계에서 독자적인 삶을 살아가는 한도인(閑道人)이 인천(人天)
의 스승이고 진정한 승가(僧伽)의 모습이다.
  일승(一乘)을 승가(僧伽)로 고친 것은 시대적인 이유 때문에 수정
한 것으로 보이나, 설법에 의미를 두는 것과 실천하는 것에 의미를
두는 것의 차이라고 볼 수 있다.

※ 有人不肯任情徵(유인불긍임정징) : 어느 사람이든지 이것을 긍정하지 않고 의심을 하는 것은 자성(自性)을 대상으로 알고 수행하는 것이므로, 자신의 머리위에 머리를 하나 더 붙이는 것이 되어 더욱더 고난을 불러들이게 된다.

중생심으로 이제까지 살아 왔기 때문에 고정관념을 버리지 못하여 긍정하지 못한다면 세세한 내용들을 하나하나 다시 가르쳐야 한다.

그래서 다음 구절에 자성(自性)의 근원이 무엇인가를 자각하는 것이 바른 것이고 잎을 따고 가지를 찾는 것은 자신이 할 일이 아니라고 말하고 있다.

※ 直截根源佛所印(직절근원불소인) : 자성(自性)이 공(空)이라는 사실을 정확하게 확신하는 것이 부처님이 인가하는 것과 같다고 설하고 있다.

그러므로 중생심으로 헤아려서 알려고 하지 말고, 자성(自性)의 근원이 공(空)이라는 것을 자신이 알아야 하는 것이지, 타인의 가르침이나 언구에서 찾으려고 하지 말아야 한다고 하고 있다.

※ 摘葉尋枝我不能(적엽심지아불능) : 신앙으로는 전지전능한 부처나 육신이 죽지 않게 된다고 하고, 또 실제로 육신이 죽어서도 영혼은 살아서 극락세계에 다시 태어난다고 하는 것과 영원불멸의 자성(自性)을 외부에서 찾아 깨닫는다고 하는 것은 불가능하다고 분명하게 설하고 있다.

그러므로 불법(佛法)에 맞게 진여의 지혜로 생활하지 않으면서 고정된 자성(自性)이 있다고 하는 것은, 아상(我相)을 더욱더 확고하게 하는 것이 되므로, 외도(外道)를 만드는 일은 내가 할 바가 아니라고 확실하게 말하고 있다.

　자신이 해야 할 일을 밖에서 찾는 어리석은 짓을 다시 하지 말라고
간절하게 당부하고 있는 내용이다.

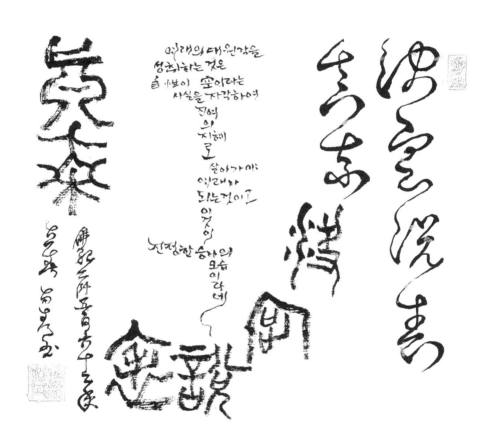

〔決定說表真乘〕

다. 마니보주 찾기

9. 摩尼珠人不識, 如來藏裏親收得,
   六般神用空不空, 一顆圓光色非色.

【번역】

마니보주를 자신들이 가지고 있으면서 사람들은 자성(自性)을 대상으로 알고 있다는 것을 알지 못하지만
여래장속에 친히 넣어 놓고만 있었다는 것을 체득하기만 하면
육신통의 지혜로 공(空)을 체득하여 불공(不空)으로 생활하게 되니
하나의 마니보주가 원만하게 삼천대천세계에 광명을 발하여 색(色)을 초월하게 되네.

【해설】

※ 摩尼珠人不識(마니주인불식) : 마니보주를 자신들이 지니고 다니면서도 자신들이 밖에서 마니보주를 찾으려고 하는 것은, 자기의 자성(自性)이 아주 특별하다는 것을 모르기 때문이다.
육진(六塵)에 오염된 자신을 공(空)으로 전환하지 않으면서 자성(自性)을 공(空)이라고 대상으로 알고 있으면 자신의 마니보주는 찾을 수 없게 된다.
그러므로 자신의 마니보주를 찾지 못하는 것은 깨달음을 대상으로 알고 자신의 마음을 청정하게 하려고 하지 않기 때문이다.
마니보주라는 것은 여의주라고도 하고 불성(佛性)을 지칭하는 것으로 본성(本性)이나 자성(自性)이라고 하는 것이며 거울에 비유

하기도 하는 것으로 오염된 명경(明鏡)을 닦아내어야 밝은 거울이 된다고 하는 것은 누구나 잘 아는 것인데, 오염된 마음을 어떻게 닦아야 깨끗한 마음이 되는 줄을 알지 못하면 어떻게 수행을 할 수 있겠는가?

남종선(南宗禪)에서 말하는 "佛性常淸淨, 何處有塵埃.(허공과 같은 불성(佛性)이기에 망념(妄念)이라는 먼지는 어디에 있다는 것이 불가능하게 되는 것이다.)6)" 에서 원래부터 청정한 불성(佛性)이라는 사실을 자각하지 못하면 오염된 거울이 되는 것이고, 자각하면 명경(明鏡)이 되는 것이기에 지금까지 자신이 자기의 자성(自性)을 자각(自覺)하라고 강조하는 것이다.

자기의 자성(自性)을 자각(自覺)하지 못하고 대상으로 알기 때문에 백천만겁난조우(百千萬劫難遭遇)라고 한다는 사실을 분명하게 알면 올바른 수행자가 된다.

※ 如來藏裏親收得(여래장리친수득) : 마니보주를 여래장 속에 넣어놓고 아직까지 한 번도 사용하지 못하였다는 사실을 깨닫고 사용하기만 하면, 즉 바로 진여의 지혜로 생활하게 되어 육신통(六神通)이 나타나게 된다.

자신의 마니보주는 숨겨두고 탐진치에 오염되어 육도윤회하며 고통(苦痛)으로 살아가는 모습을 말하는 것이며 탐진치(貪瞋癡)가 영원할 것으로 알고 전지전능한 절대자가 나타나면 모든 것을 해결하여 줄 것처럼 믿고 추종하면서 백발이 되어 버리게 하지는 말아야 한다.

---

6) 良志, 『진여의 지혜로 살아가는 법을 설한 돈황본 육조단경』, 56쪽.

※ 六般神用空不空(육반신용공불공) : 육신통(六神通)의 지혜는 진여의 지혜를 말하는 것이므로 오온(五蘊)이 모두 공(空)이라는 사실을 체득해야 한다고 설하고 있다.

즉 공(空)을 체득하여 공(空)을 실천하는 것이 불공(不空)인 것이다.

결국 육신통(六神通)은 공(空)을 실천하는 것을 말하는 것이지, 하늘을 날아다니고, 보이지 않는 것을 보고, 들리지 않는 것을 들어야 육신통이 있다고 한다면, 이것은 사람이 하는 것이 아닌 것이 된다.

즉 일반 사람들이 누구나 실천할 수 있는 육신통을 불교에서는 말하는 것이지 특별한 신통을 요구하는 것은 아니다.

그래서 종교(宗敎)라고 하는 것이고 누구나 가지고 있는 마니보주를 청정하게 사용하기만 하면 한도인(閑道人)이므로 불법(佛法)을 평등하다고 하는 것이다.

※ 一顆圓光色非色(일과원광색비색) : 자신의 마니보주를 사용할 줄만 알면, 삼천대천세계에서 진여의 지혜로 살아가게 되는 것이므로 육진(六塵)이 청정하게 된다.

색(色)을 벗어난다고 한 것은 중생심의 색(色)을 공(空)으로 전환하여 공(空)을 실천하게 되므로 모두가 여래가 되는 것이다.

색(色)과 비색(非色)을 범부가 보면 형상으로 아는 것이나, 성자(聖者)가 보면 공(空)과 불공(不空)으로 알게 되니 모두가 진여의 지혜로 살아가는 불국토가 된다.

자신의 마니보주를 찾아내면 지금 바로 자신이 공덕주(功德主)가 되어 살아가게 되지만, 찾지 못하면 윤회고(輪廻苦)를 면하지 못한다.

10. 淨五眼得五力, 唯證乃知誰可測,
　　鏡裏看形見不難, 水中捉月爭拈得.
㉯ : (淨五眼得五力, 唯證乃知難可測,
　　鏡裏看形見不難, 水中捉月爭拈得.)

【번역】

　오안(五眼)이 청정하여 오력(五力)을 체득하면 불법(佛法)이 현전하게 되는 것은

　오직 증득해야 깨달아 알게 되는 것이지 알음알이로 알 수 있는 것은 아니고

　거울 속에 나타난 형상을 보는 것처럼 어렵지 않는 것이지만

　오히려 물속에 나타난 달을 끄집어내려고 경쟁하네.

【해설】

※ 淨五眼得五力(정오안득오력) : 자신의 마니보주를 찾고자 하면 오안(五眼)이 청정해야 하는데, 즉 오안(五眼)인 육안(肉眼)·천안(天眼)·혜안(慧眼)·법안(法眼)·불안(佛眼)이 청정해야 여래가 되는 것이다.

　즉 오안(五眼)을 구족한다고 하는 것은, 사람들이 육안(肉眼)의 눈으로 무엇을 보는데 중생심을 버리고 보는 것을 천안(天眼)이라고 하고, 혜안(慧眼)은 자신이 불성(佛性)을 자각하여 보는 것을 말하는 것이며, 법안(法眼)은 불법(佛法)을 체득하여 보는 보살의 안목(眼目)을 구족한 것이고, 불안(佛眼)은 이 모두를 구족하여 모든 것을 청정하게 보는 안목(眼目)을 구족한 것을 말한다.

　이러한 오안(五眼)을 구족하게 되어 오력(五力; 信力, 精進力, 念力, 定力, 慧力)을 체득하여야 하는 것은, 자신의 자성(自性)이

공(空)이라는 것을 확신하여 불퇴전의 힘을 가지고, 항상 상구보리의 마음으로 생활하여야 하는 것이고, 항상 불법(佛法)에 맞게 정념(正念)으로 생활하며, 어디에서나 공(空)을 사용할 줄 아는 능력을 가지고 항상 자신의 마니보주를 사용할 줄 알아야 불법(佛法)이 현전하게 되는 것이다.

※ 唯證乃知誰可測(유증내지수가측) : 이것을 오직 자신이 증득해야 하는 것이라고 하는 것은 누구나 알음알이로 추측하며 사량분별로 알려고 하는 것이기 때문이다.

수(誰) 대신에 난(難)을 넣어 난가측(難可測)이라고 한 것을 보면 누구나 알음알이로 증득하려고 한다는 것을 말하고 있다.

그러므로 오로지 자신의 마니보주를 자신이 사용해야 한다고 하는 것이고, 이것을 두고 자신이 증득해야하고 깨달아야 한다고 말하는 것이다.

지혜와 지식을 구분하지 못하기 때문에 계속하여 이와 같이 말하는 것이고, 진여의 지혜와 외도(外道)를 판단하지 못하기 때문에 눈 밝은 성자(聖者)의 인가증명을 받아야 한다고 하는 것이다.

※ 鏡裏看形見不難(경리간형견불난) : 마니보주를 맑은 거울에 비유하여 자신의 마음을 맑은 거울처럼 만들어야 만법(萬法)을 청정하게 볼 수 있는 것이다.

즉 망념(妄念)을 거울의 먼지라고 하며 먼지를 닦아내는 수행법을 점수(漸修)의 수행법이라고 하고, 원래 청정한 거울에는 먼지가 없다고 하여 원래부터 청정하다는 것을 자각하여 망념(妄念)의 먼지도 바로 청정하게 되는 무념(無念)을 주장하는 남종선(南宗禪)은 경계와 만법일여가 되는 수행법이다.

거울 속에 나타난 모습을 보는 것처럼 어렵지 않는 것인데, 거울에 먼지와 때를 가득 묻혀서 억지로 제거하려고 하는 수행법을 비판하는 것이고, 먼지와 때를 바로 자각하면 항상 청정한 불국토가 되는 것이라고 설하고 있다.

※ 水中捉月爭拈得(수중착월쟁념득) : 수행자들이 마니보주나 불성(佛性)을 찾아서 끄집어내어야 사용한다고 경쟁하는 것을, 원숭이가 우물속의 달을 끄집어내려고 하는 것에 비유하여 설하고 있다.
　　먼지나 때를 없앤다고 하는 것은, 먼지와 때는 탐진치에 의하여 만들어진 것이므로, 자성(自性)이 공(空)이라는 사실을 알게 되면, 모든 것이 공화(空花)와 같다는 것을 알게 되는 것을 말한다.
　　그러므로 물속에서 달을 건지라고 하는 방편의 가르침을 착각하지 말아야 올바른 수행자가 된다.

11. 常獨行常獨步, 達者同遊涅槃路,
   調古神淸風自高, 貌悴骨剛人不顧.
   ⒩ : (常獨行常獨步, 達者同遊涅槃路,
   調古神淸風自高, 貌頓骨剛人不顧.)

【번역】

항상 만법과 짝하지 않고 독자적으로 수행하고 항상 삼계를 초월하여 살아가니

진여의 지혜로 살아가는 도인(道人)은 열반의 길에서 유유자적하며

고인(古人)의 신령한 종지(宗旨)를 수지하여 청빈한 자태가 더욱더 위대하여도

생김새는 초라하고 기개는 강직하니 사람들은 아무도 돌아보지 않네.

【해설】

※ 常獨行常獨步(상독행상독보) : 항상 독자적으로 수행한다고 하는 것은 자신의 마니보주를 사용하는 것이고, 탐진치(貪瞋痴)에 물들지 않는다는 것을 의미한다.

항상(恒常)이라고 말한 것은, 삼계(三界)를 벗어났기 때문이고, 만법과 짝하지 않는 독자적인 경지를 이루었기에 항상(恒常)이라고 하는 것이다.

또 만법(萬法)과 짝하지 않는다고 하는 것은 불공(不空)을 말하는 것이고, 시방세계를 벗어났다는 것이기에 몰종적의 한도인(閑道人)을 내포하고 있는 말이다.

항상 비교하고 차별 분별하여 부귀영화와 명예와 권력을 가지고

사람위에 군림하려고 하는 마음을 가지고 살아가는 사람들에게 독재자로 살지 말라고 하는 것이고, 세습하여 그것을 지키려고 하는 이들에게 진정한 행복이 무엇인지를 제시하고 있는 부분이다.

그리고 좌도량(坐道場)에서 한도인(閑道人)이 살아가는 모습을 나타낸 것이며 불국토(佛國土)에서 살아가는 부처의 생활을 나타내고 있다.

※ 達者同遊涅槃路(달자동유열반로) : 만법(萬法)과 짝하지 않고 진여의 지혜로 살아가는 한도인(閑道人)은 불생불멸(不生不滅)의 경지에서 무생(無生)의 삶을 자유자재하게 살고 있다고 설하고 있다.

해탈하여 자유자재로 자유롭게 살아가면 불생불멸(不生不滅)이나 무생(無生)의 경지가 되고, 자신의 만법(萬法)이 대상경계와 삼매(三昧)가 되면 열반하여 한도인으로 유유자적하다고 한다.

※ 調古神清風自高(조고신청풍자고) : 공(空)과 불공(不空)이 무엇인지를 정확하게 체득하여야만 고인(古人)의 신령한 종지(宗旨)를 수지(受持)하게 된다.

고인(古人)은 불법(佛法)의 대의(大意)를 체득한 사람으로 여래나 조사(祖師)를 말하는 것이므로 고인의 신령한 종지를 체득한 한도인(閑道人)의 모습은 청빈하고 아주 고귀한 것이라고 설하고 있다.

※ 貌悴骨剛人不顧(모췌골강인불고) : 청빈한 모습이 고귀할지라도 모든 사람들의 생김새가 동일한 것이 아니므로 어느 누구나 한도인(閑道人)이 되면 고귀하다는 것을 나타내는 것이다.

한도인(閑道人)의 모습은 초라하고 보잘 것 없고 기개가 강직하여 불법(佛法)에 맞지 않는 것이 없어 탐진치(貪瞋痴)가 없으므로 범부들은 아무도 한도인(閑道人)이 되려고 하지 않는다.

또 탐진치(貪瞋痴)를 추구하는 삶을 살아가려고 하는 범부들은 한도인(閑道人)의 형상을 보고 한도인(閑道人)처럼 살고자 하지 않고, 한도인의 생활을 보고는 한도인처럼 생활하고자 하지 않는다는 것을 말하고 있다.

그러나 생김새가 어떻게 생겨도 할 수 있고 지위(地位)고하(高下)를 막론하고 어느 누구나 한도인(閑道人)이 될 수 있다는 것을 말하는 것이 되는 것이고, 어느 누구나가 천상천하유아독존(天上天下唯我獨尊)이라는 것을 증명하고 있다.

모습에 구애받지 말고 자신의 마니보주를 사용하여야 한다는 것을 역설적으로 강조하는 것이다.

즉 자신의 마니보주를 상실하지 말고 살아야 진정한 행복이라고 지금도 설하고 있다고 볼 수 있다.

12. 窮釋子口稱貧, 實是身貧道不貧,
　　貧則身常披縷褐, 道即心藏無價珍.
　㉯ : (窮釋子口稱貧, 實是身貧道不貧,
　　　 貧則身常披縷褐, 道則心藏無價珍.)

【번역】

꾸밈없는 청정한 한도인은 치장하지 않는 모습을 두고 빈곤하다 말하지만

실제로 꾸밈없는 모습은 빈곤할지라도 진여의 지혜로 사는 것은 빈곤하지 않고

빈곤한 것은 몸에 항상 헤어진 누더기를 입고 다니는 것을 말하는 것이며

진여의 지혜로 산다는 것은 항상 불심(佛心)의 마니보주를 사용하는 것이네.

【해설】

※ 窮釋子口稱貧(궁석자구칭빈) : 한도인의 모습을 다시 설명하고 있는 것으로, 궁(窮)을 가난하다고 번역하는 것은 자신을 장식하지 않고 꾸밈없는 모습을 빈곤하다고 말한 것이다.

석자(釋子)라고 하는 것은 불법(佛法)을 정확하게 수지(受持)한 수행자를 말하는 것이고, 빈곤하다고 하는 것은 탐진치(貪瞋痴)를 벗어났기 때문에 빈곤하다고 한 것이지 불법(佛法)이 빈곤한 것은 아니다.

누더기를 걸친 모습을 빈곤하다고 한 것은, 계율에 맞게 살아가는 모습이며 불법(佛法)에 어긋나지 않는다고 하는 것이며 한도인(閑道人)으로 살아가는 모습을 정확하게 설명하고 있다.

그리고 성(姓)을 석(釋)씨로 하는 것은 불법(佛法)을 정확하게 계승했다는 것을 설명하는 것이며, 또 앞으로 계승할 것이라는 서원(誓願)을 세우는 것이기도 하고, 지금 자신이 석(釋)씨로 한다고 하면 지금 진여의 지혜로 살아간다는 자부심을 나타낸다고 할 수 있다.

※ 實是身貧道不貧(실시신빈도불빈) : 진실로 육신에 치장하지 않으니 빈곤하게 보일지라도, 자신이 진여의 지혜로 살아가는 생활은 최고로 고귀하다고 설하고 있다.

실제로 송곳을 꽂을 만한 재산도 없는 가난이라고 설하는 것은 탐진치(貪瞋痴)가 전혀 없는 자신을 나타내는 것이고, 도(道)는 가난하지 않다고 하는 것은 자신의 마니보주를 무궁무진하게 사용하는 삶을 살아가고 있다고 하는 것이다.

※ 貧則身常披縷褐(빈칙신상피루갈) : 빈곤한 것처럼 누더기를 입고 다니는 것은 탐진치(貪瞋痴)를 벗어난 검소한 모습으로 출세간에서 살아가는 수행자의 진정한 모습을 나타내는 것이다.

이것은 삼계(三界)에서 청빈하게 살아가는 수행자의 겉모습으로 조작하지 않고 자연스럽게 살아가는 수행자들의 모습을 잘 나타내고 있는 부분이고, 수행자가 겉모습을 보이기 위하여 수행한다고 하면 잘못된 수행자이다.

항상 자신에게 만족하며 한도인(閑道人)으로 살아가기를 바라는 것으로 우리들이 어떻게 살아가야 하는지를 잘 제시하고 있다.

※ 道即心藏無價珍(도즉심장무가진) : 앞에서는 모습을 나타낸 것이라면 이 부분은 마음을 말하는 것으로 진여의 지혜로 항상 보살도

74

를 실천해야 한다는 것을 나타내고 있다.

즉 누구나 마니보주를 가지고 있기 때문에 찾아서 사용하면, 이것의 가치는 무진장하여 마음대로 사용할 수 있고 어디에서나 최고로 행복하게 된다.

여기에서 도(道)는 한도인(閑道人)으로 살아가는 근원을 말하는 것이고 그리고 그 근원이 심장(心臟)인 것이다.

심장(心臟)은 마음을 말하는 것이나 마음하면 온갖 마음이 다 있으므로 여기에서는 불심(佛心)이라고 한 것이며 찾아서 자신이 사용하면 부처나 한도인(閑道人)이 된다.

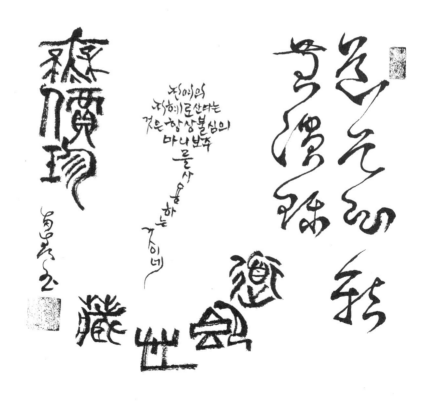

〔道即心藏無價珍〕

13. 無價珍用無盡, 利物應時終不吝,

　　三身四智體中圓, 八解六通心地印.

　㉯ : (無價珍用無盡, 利物應機終不悋,

　　　三身四智體中圓, 八解六通心地印.)　* 吝, 悋, 悋 : 同字

【번역】

이 마니보주는 아무리 사용하여도 끝이 없으니

중생을 구제할 때는 인색하지 않게 끝까지 자비를 베풀고

　삼신(三身)과 사지(四智)를 구족하여 마니보주를 불법(佛法)에
맞게 원만하게 사용하면

　팔해탈(八解脫)과 육신통(六神通)이 심지법문(心地法門)으로
나타나네.

【해설】

※ 無價珍用無盡(무가진용무진) : 마니보주의 가치가 무한정이라고
하는 것은 아무리 사용하여도 자신의 행복만 늘어나기 때문이다.

　무진장한 마니보주를 찾아 지혜를 사용할 줄 알기만 하면 항상
불국토(佛國土)에서 한도인(閑道人)으로 살아가는 것이고, 자신이
찾으려고 하지 않으면서 이루어지기를 기다리고 추종만 하고 있으
면 아난존자와 같이 아무리 많은 지식이 있다고 하여도 다시 수행하
여 인가를 받아야 한다.

　그러므로 자신이 직접 수행하여 증득하지 않으면 아무 이익이
없다고 설명하고 있다.

※ 利物應時終不吝(이물응시종불린) : 중생구제를 위하여 인색함이
없다는 것은, 첫째로 자신의 중생을 구제하는데 조금도 망설임이

없어야 한다는 것을 나타내는 것이고, 두 번째는 타인을 구제하여도 구제한다는 마음을 갖지 않고 자비를 실천하므로 조금도 불법(佛法)에 어긋남이 없어야 보살도(菩薩道)를 실천하는 것이다.

※ 三身四智體中圓(삼신사지체중원) : 중생을 구제하기 위해서는 자신이 삼신(三身)을 구족하여야 진정한 보살도를 실천하는 것이고, 또 사지(四智)를 구족하여 진여의 지혜로 생활을 하여야 마니보주를 찾아서 무진장하게 보살도를 실천하게 된다.

마니보주를 정확하게 찾는 것을 삼신(三身)과 사지(四智)를 구족하여야 자신의 자성이 공(空)이라는 사실을 체득하고 원만하게 불법(佛法)에 맞게 사용하게 된다고 하는 것이다.

※ 八解六通心地印(팔해육통심지인) : 팔해탈(八解脫)[7]은 8종의

---

7) 『證道歌註』卷1(『卍續藏』63, 265쪽. 중17.) : 「八解者, 一內觀色解脫, 二外觀色解脫, 三淨處解脫, 四空無邊處解脫, 五識無邊處解脫, 六無所有處解脫, 七非想處解脫, 八究竟滅處解脫. 此八處解脫即八識解脫. 所言八識者, 即眼耳鼻舌身意為六識, 七傳送識, 八阿賴耶即含藏識也. 所以轉八識為四智, 束四智為三身也. 今言轉八識為四智者, 轉眼耳鼻舌身五識為成所作智, 轉第六意識為妙觀察智, 轉七傳送識末那識為平等性智, 轉八含藏識阿賴耶識為大圓鏡智. 束四智為三身者, 以成所作智妙觀察智為化身, 平等性智為報身, 大圓鏡智為法身, 此之三身祇一身也.」
『佛說大乘菩薩藏正法經』卷12「如來不思議品」4(『大正藏』11, 807쪽. 중19.) : 「八解脫者, 謂順入, 逆入及逆順入. 何等為八. 一者有色觀諸色解脫, 二者內無色想觀外諸色解脫, 三者淨解脫身作證具足住, 四者空無邊處解脫, 五者識無邊處解脫, 六者無所有處解脫, 七者非想非非想處解脫, 八者滅受想解脫.」
『四分律行事鈔批』卷11(『卍續藏』42, 935쪽. 상2.) : 「言八解脫者, 一內有色外觀色(謂初觀不淨, 觀道未強, 不壞內身, 但外觀色, 死屍脖脹, 能絶縛, 故名解脫.). 二內無色外觀色(謂習行稍久, 觀道增強, 能於自身作己身滅色想, 唯觀外色, 死屍脖脹, 是名解脫也.). 三者淨解脫(謂青黃赤白可[蔥]之色, 名為淨也. 觀離淨故, 名淨解脫也.). 四者空處解脫(謂愓求無色之為空, 空處四陰離縛名空處解脫, 謂以識名, 故令身[心]). 五者識處解脫(謂空境廣多, 緣則煩惱勞厭境存心名之為識善, 所陰離縛, 名識解脫也.). 六者無所

선정인데, 삼계(三界)를 벗어나 언제 어디에서나 항상 진여의 지혜로 살아가게 하는 수행법이고, 자신의 마음을 청정하게 하여 한도인(閑道人)으로 살게 하며, 전(轉)팔식(八識)하여 해탈하는 것을 말하는 것이고, 육신통(六神通)은 자신이 공(空)으로 전환할 줄 아는 것이므로 심지법문(心地法門)인 것이다.

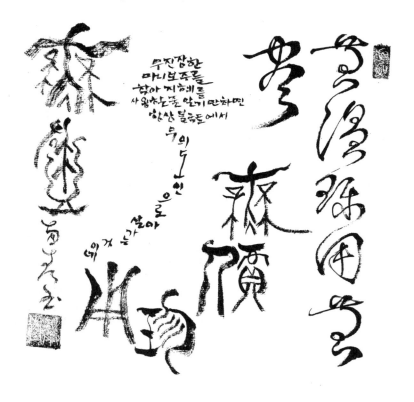

[無價珍用無盡]

有處解脫(謂以識多故, 令身心亂, 未得安穩, 心境俱亡, 名為無所有處離縛解脫也. 七非想非非想處解脫(謂心境麤故, 不復現行, 外道之人, 謂無心行, 佛法猶往望真細慮, 內外合說故云非想處解脫也.) 第八滅定解脫(謂心法並息名滅盡定解脫, 滅盡諸法, 離於心過, 故名解脫. 此八解脫者, 亦名八背捨, 得上棄下, 名為背.)」

14. 上士一決一切了, 中下多聞多不信,
　　但自懷中解垢衣, 誰能向外誇精進.

【번역】

　상근기의 수행자는 한 번에 결단하여 일체만법을 깨달아 요달하고

　중하근기의 수행자들은 많이 듣고 많이 보아도 더욱더 확신을 하지 않는 것이며

　단지 자신의 마음속에 번뇌 망념의 때를 자신이 깨닫는 것이니

　어느 누가 자신의 마음속으로 정진(精進)하는 것을 외부의 모습으로 수행하는 것이라고 자랑하겠는가?

【해설】

※ 上士一決一切了(상사일결일체료) : 상근기의 수행자는 자신의 마니보주를 한 번에 확신하고 일체의 만법이 공(空)이라고 깨달아 자신의 일대사를 요달하게 된다.

　수행자를 상중하로 구분한 것은 불법(佛法)을 한 번에 확신하는 수행자와 확신하지 않고 의혹을 갖는 수행자로 구분하는 것인데 이것은 단지 방편으로 수행자들에게 분발심을 내게 하려고 하는 것이다.

　불법(佛法)이 만법(萬法)이라는 사실을 한 번에 결단(決斷)할 수 있는 수행자를 상근기의 수행자라고 하는 것은 수행자로서 살아갈 수 있는 역량을 구족하였기 때문이다.

　즉 지식인 알음알이로 살아가지 않고 진여의 지혜로 살아갈 수 있고 불법(佛法)에 맞는 가치관을 가진 수행자이기 때문이다.

※ 中下多聞多不信(중하다문다불신) : 중하근기의 수행자들은 아무리 많이 배우고 많이 들어도 더더욱 의심만 많아지게 된다.

왜냐하면 많이 보고 많이 들으면 더더욱 자만심이 많아지고, 자신의 망념을 선지식에게 배워서 제거하려고 하거나 제거해 줄 것이라고 알고 있는 수행자들을 중하근기의 수행자라고 말한다.

그러므로 많이 알면 알수록 더 확신하지 않고 자만하는 경우가 많게 되는 것을 염려하여 근기에 따라 구분한 것일 뿐이다.

※ 但自懷中解垢衣(단자회중해구의) : 상중하의 근기(根機)라고 구분하여 설명은 하지만 이것은 황엽(黃葉)이라는 방편으로 수행자들을 유인하는 것이다.

그러므로 수행은 단지 자신이 자신의 망념이 무엇인가를 자각하여 번뇌 망념이 무엇인지를 정확하게 알고 공(空)으로 전환할 줄 알아야 수행을 할 수 있다.

공(空)으로 전환하여 마니보주가 무엇인지를 알고 자신의 마니보주를 찾아서 불법(佛法)에 맞게 활용해야 한다.

※ 誰能向外誇精進(수능향외과정진) : 자신이 수행해야 하는 것을 누구에게서 어느 곳에서 향외치구(向外馳求)하여 얻었다고 자만하거나 과시하는 수행자가 있다면 어리석은 수행자이다.

수행자는 자랑하기 위하여 수행하는 것도 아니고, 높은 자리에 올라가기 위하여 수행하는 것도 아니고, 재산이나 권력을 위하여 수행하는 것도 아니다.

수행자는 오로지 탐진치(貪瞋癡)를 벗어나 계정혜를 구족하여 진여의 지혜로 공(空)을 실천하기 위하여 정진(精進)하는 것이다.

자신의 모습을 치장하기 위하여 수행한다면 전륜성왕만 부처가 될 것이고 나머지의 범부들은 영원히 부처가 될 수 없게 되는 것이지만, 각자의 마니보주는 모습의 차이가 없이 평등하게 있으니 어느 누구나 찾아서 사용하기만 하면 되는 것이므로 누구나 평등하고 자유자재로 사용할 수 있다고 하는 것이다.

남을 비방
하는것은 불을
가지고 하늘을
태우려고
하는것과
같아서
헛되이
자신
만
피
네되게 하곤

〔把火燒天徒自疲〕

라. 마니보주(摩尼寶珠)를 수지(受持)

15. 從他謗任他非, 把火燒天徒自疲,
    我聞恰似飮甘露, 銷融頓入不思議.

【번역】

타인으로부터 비방을 듣게 되어도 그가 비방하는 것을 초월하면
그가 비방하는 것은 불을 가지고 하늘을 태우려고 하는 것과
같아서 헛되이 자신만 피곤하게 되고
비방하는 소리를 만약에 내가 듣게 되면 마치 감로수를 마시는
것과 같은 것은
비방하는 소리를 완벽하게 본성으로 깨달아 바로 부사의(不思議)
한 진여의 지혜로 생활하네.

【해설】

※ 從他謗任他非(종타방임타비) : 자신의 마니보주를 찾아서 자성
(自性)이 공(空)이라는 사실을 깨닫게 되면 타인이 비방을 하여도
그것을 초월하여 잘 알아듣게 되어 오히려 그를 미워하지 않고
자신의 마니보주를 더욱더 청정하게 한다.

이와 같은 깨달음을 확신하게 되면 타인을 비난하는 어리석음을
저지르지 않게 되어 불법(佛法)의 종지(宗旨)를 더욱더 확고하게
하게 된다.

실제로 자신의 마니보주는 어느 누구도 침범할 수 없으나 자신이
미혹하면 인혹(人惑)이나 경혹(境惑)에 순응하여 따라가게 되는
것이지만, 자신이 깨달아 마니보주를 찾게 되면 경계에 집착하지

않게 된다.

※ 把火燒天徒自疲(파화소천도자피) : 남을 비난하는 것은 결국 자신의 마니보주만 흐리게 하는 결과를 가지고 오게 되는 것이므로 불로 하늘을 태우는 것과 같다고 한다.

　일반적으로 남을 비난하는 것이 자신의 마니보주를 흐리게 하여 자신을 피로하게 하는 것이라고 생각하지 않고, 남을 비난만 하는 중생들은 자신의 마니보주를 확신하려고 하지 않는다.

　수행자는 중생을 제도하기 위하여 오로지 자비를 베풀 뿐이지 자신의 마니보주를 혼탁하게 하지는 않아야 한다는 것을 설하고 있다.

　타인이 비방을 하여도 자신이 현혹되지 않고 오히려 비방하는 사람이 자신의 마니보주를 찾게 자비(慈悲)의 방편을 베푸는 수행자가 되지 않으면 불로 하늘을 태우려는 것과 같아서 자신만 태우게 된다.

※ 我聞恰似飮甘露(아문흡사음감로) : 여기에서 아(我)를 영가현각 자신을 말한다고 볼 수도 있지만 어느 누구를 지칭하지 않고 모든 사람들을 지칭하는 것이라고 보는 것이 문맥상 좋을 것 같아서 누구나의 자신이라는 의미로 번역하였다.

　마니보주를 체득한 수행자들은 비방하는 소리를 듣게 되어도 감로수를 마시는 것과 같고 도리어 더욱더 불법(佛法)을 잘 수호하게 된다.

　자비심으로 설법을 하여도 방편이 모자라는 한계에 봉착하게 되어 온갖 방편을 모두 알아 제도(濟度)하기를 바라지만 한사람도 제도(濟度)할 수 없고 상중하근기로 구분하는 결과만 가져오기도

한다.

그러나 결국은 자신을 제도(濟度)하기가 제일 쉬운 것이므로 어느 누구나 자신의 마니보주를 찾게 보살도를 행하고 항상 감로수를 먹고 살아가게 제도한다.

※ 銷融頓入不思議(소용돈입부사의) : 비방하는 소리가 달콤한 속삭임으로 들리게 되는 경계지성(境界之性)의 경지가 되어야 공(空)으로 번뇌망념을 전환하여 마니보주가 청정하게 되고 진여의 지혜가 무엇인지 알게 된다.

부사의(不思議)하다고 하는 것은 오로지 자신이 견성(見性)하여야 하는 것을 말하는 것이므로 진여의 지혜가 부사의(不思議)한 것이다.

견성(見性)하여야 역순(逆順)의 경계를 자신이 자유자재하게 되는 것이므로 심지법문이라고 한다.

16. 觀惡言是功德, 此則成吾善知識,
　　不因訕謗起怨親, 何表無生慈忍力.
㉯ : (觀惡言是功德, 此即成吾善知識,
　　　不因訕謗起冤親, 何表無生慈忍力.)

【번역】

　악한 말을 듣고 관조하여 진심(瞋心)을 내지 않고 공덕행을 실천하면

　이렇게 하는 것이 곧바로 나의 선지식이 되어

　헐뜯고 비방하여도 원망하거나 친하다는 마음이 일어나지 않게 되니

　무엇 때문에 조작심으로 자비심과 인욕바라밀을 나타내어 말할 필요가 있겠는가?

【해설】

※ 觀惡言是功德(관악언시공덕) : 악한 말이나 비방하는 말을 듣는다고 하여도 이 말을 자신이 받아들이면 진심(瞋心)을 내게 되지만, 자신이 받아들이지 않으면 말하는 사람의 것이 되는 것이다.

　또 듣고 진심(瞋心)을 내지 않으려면 비방하는 사람의 입장이 되어 자신의 허물을 관조(觀照)하면 비방하는 사람이 오히려 나의 선지식이 되는 것이므로 오히려 감사해야 한다.

　그러므로 다음 구절에서 이것을 두고 자신의 선지식이라고 한 것이다.

※ 此則成吾善知識(차칙성오선지식) : 비방하고 악한 말을 하는 사람이 있다면 나 자신의 허물을 먼저 살펴보는 계기가 되는 것이므

로 자신의 선지식이 된다.

　진정으로 나를 위하는 선지식은 나의 허물을 깨우쳐주는 사람이고 나를 비방하는 사람이라는 것을 알아야 한다.

　이것은 경(經)에 "道吾惡者, 是吾師. 道吾好者, 是吾賊."[8] 라는 내용으로 잘 알려져 있는 것과도 상통한다.

　칭찬을 받는 것도 잘 관조하여 항상 공(空)으로 전환하여야 선악(善惡)을 모두 생각하지 않고 청정하게 진여의 지혜로 살아가게 된다.

※ 不因訕謗起怨親(불인산방기원친) : 누군가가 비방하여도 원친(怨親)의 차별심이 일어나지 않게 되는 것은 자신의 허물을 자각(自覺)하여 돈오(頓悟)할 줄 알고 자비심을 나타내는 것이다.

　칭찬이나 비방을 받아도 좋아하거나 싫어하는 마음이 없게 되는 것은 자성(自性)이 공(空)이라는 사실을 확신하여 자신의 마니보주가 무엇인지 정확하게 자각하였기 때문이다.

　아상(我相)인상(人相)을 벗어난 한도인(閑道人)으로 항상 좌도량에서 살아가는 자유스런 모습을 말한다.

※ 何表無生慈忍力(하표무생자인력) : 비방으로 인하여 자신의 허물을 돈오(頓悟)하면 비방하는 사람이 선지식(타인)이 되는데, 무엇 때문에 억지로 자비심을 발현하여 선지식(타인)을 구제하려고 할 필요가 있을 것이며, 비방하는 말을 듣고 진심(瞋心)이 나지 않으면 인욕바라밀이라는 말도 할 필요가 없게 된다.

　그러므로 조작심이 없는 마음으로 살아가는 한도인(閑道人)은 진여의 지혜로 생활하기 때문에 항상 육바라밀을 실천하고 있다.

---

8)『宗鏡錄』卷42(『大正藏』48, 666쪽. 하26.)

조작심으로 중생을 제도하려고 하는 것은 불가능하다고 하는 것이 되는 것인데도, 현대의 사람들은 자신들이 타인을 제도한다고 착각하는 경우가 있는데, 이것은 자신도 제도하지 못하면서 타인을 제도한다고 하는 모순에 빠져서 자신이 사용하지 못하는 것을 타인에게 사용하여 보라고 하는 것과 같다.

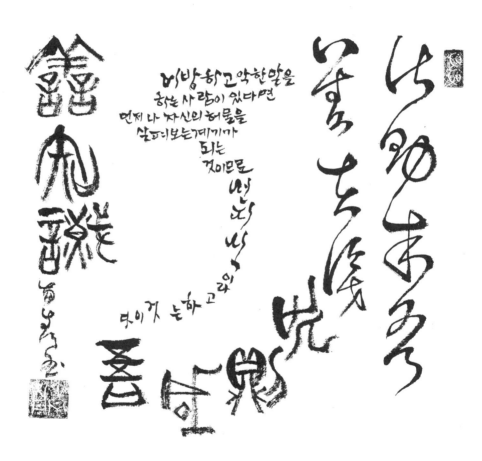

〔此則成吾善知識〕

17. 宗亦通說亦通, 定慧圓明不滯空,
　非但我今獨達了, 河沙諸佛體皆同.

【번역】

불법(佛法)의 종지(宗旨)를 통달하고 설법도 통달하면

선정(禪定)과 지혜(智慧)가 분명하게 원만하여 공병(空病)에 빠지지 않게 되는 것은

내가 지금 홀로 이 불법(佛法)을 깨달아 요달한 것이 아니며

제불(諸佛)들이 모두 이와 똑같이 불법(佛法)을 깨달아 체득한 것이었네.

【해설】

※ 宗亦通說亦通(종역통설역통) : 종지(宗旨)를 통달하는 것은 자신의 만법(萬法)이 공(空)이라는 것을 바로 깨닫는 것이니, 즉 만법일여(萬法一如)라는 사실을 자각해야 하는 것이다.

설통(說通)은 불법(佛法)의 의미를 정확하게 경전에 맞게 해석할 줄 알고 하나하나가 무슨 뜻인지 알고 그것에 대하여 의심하거나 오역하지 않는 것을 말한다.

여기에서 어렵다고 하는 것은 모든 사람들을 구제할 수 있는 능력을 구족하여야 설통(說通)을 갖는 것이라고 오해하여 전지전능한 부처가 되기를 바라는 것은 오히려 불교(佛教)를 비방하는 것이 된다.

즉 설통(說通)을 타인을 위하여 불법(佛法)을 설하는 설법을 통달한다고 알고 있으면서 모든 사람들을 구제할 줄 알아야 부처가 된다고 하는 것은 자신도 어렵게 만드는 것이고 타인도 더 중생으로 만드는 것이 된다.

언하(言下)에 대오(大悟)하는 것은 벼가 익어야 고개를 숙이는 것처럼 자신이 불법(佛法)에 대하여 종통(宗統)이 되고, 경전에 대하여 하나하나가 무슨 뜻으로 설했는지를 정확하게 알아야 대오 (大悟)하게 되는 것이지, 팔만대장경을 모두 하나도 빠짐없이 다 읽고 모두를 암기(暗記)하여 사람들에게 설할 줄 알아야 하는 것만 은 아니다.

이것 때문에 아난존자를 비유하여 설하는 것은 교만하지 말라고 하는 것이고, 경(經)은 부처의 말씀이며, 선(禪)은 부처의 마음이라 고 하는 것이 이것이다.

※ 定慧圓明不滯空(정혜원명불체공) : 종통(宗通)과 설통(說通)을 정혜(定慧)로 다시 설하는 것은 공병(空病)에 떨어지는 것을 경계하 기 위함이다.

선정(禪定)과 지혜(智慧)를 분명하게 통달하면 공(空)과 불공(不 空)이라는 말에 빠져서 공병(空病)이나 무기공(無記空)에 떨어지지 않게 된다.

불법(佛法)이나 만법(萬法)을 대상으로만 알고 자신의 법(法)이 되지 않으면 중생(衆生)이 되는 것이고, 만법일여(萬法一如)가 자 신의 마음속에서 이루어지면 종통(宗通)을 이루는 것이며, 경전에 설하신 불법(佛法)에 맞게 살아갈 줄 알면 설통(說通)을 성취하게 된다.

정혜(定慧)일치(一致)를 주장하는 것이 불교의 근본 가르침인 것이므로, 의심과 오역에 의하여 공병(空病)에 떨어지지 말라고 다시 강조하고 있다.

※ 非但我今獨達了(비단아금독달요) : 그 당시에도 불법(佛法)을 설하면 다른 수행자들이 받아들이지 않고, 특별한 수행자만 할 수 있는 것처럼 이해하여 전지전능하여야 한다고 하고, 특별한 깨달음이 있다고 아는 것을 경계하며, 즉 불법(佛法)의 정통성을 강조하고 있다.

즉 자신이 혼자서 특별한 것을 깨달았다고 하면 중생들은 더욱더 믿지 않고 철학자로 인정하기 때문에 선성(先聖)들이 전한 것이며 혼자서 만들어 깨닫고 설하는 것이 아니라고 모두가 말하는 것이다.

자신의 불법(佛法)이 정법(正法)이라는 사실을 확신시키기 위한 것이고, 이와 같이 수행하면 틀림없이 정각(正覺)을 이루게 된다고 수많은 역대의 조사들도 설하고 있다.

※ 河沙諸佛體皆同(하사제불체개동) : 제불(諸佛)도 이와 같이 깨달은 것이라고 설하는 것을 조금도 의심하지 말기를 바라고 있는 내용이다.

자신도 제불(諸佛)들과 똑같은 불법(佛法)을 계승한 것으로 누구나 할 수 있다는 것을 말하고 있다.

그렇지만 이렇게 다시 강조하고 있는 것은 그 당시에도 여러 종파들이 자신들의 것만 최고라고 주장하는 것이 많았다는 것을 나타내는 내용이므로 연구가 필요한 부분이다.

사족(蛇足)을 달면, 자신들만 도달할 수 있고 다른 사람들은 아무도 하지 못한다는 그들만의 우월성을 강조하는 것이 많은 시절이었다고 볼 수 있는 내용이고, 또 자신들의 민족성 때문에 많은 사람들이 자신들만 성취할 수 있다고 주장하니까 이렇게 다시 강조하는 것이라고 볼 수도 있다.

18. 師子吼無畏說, 百獸聞之皆腦裂,
　　香象奔波失却威, 天龍寂聽生欣悅.

【번역】
　사자후(獅子吼)를 하여 모든 번뇌 망념을 제거하는 설법을 하니 모든 중생들이 듣기만 하여도 자신들의 고정관념을 버리게 되고 소승(小乘)으로 수행하는 향상(香象)들도 사위의(四威儀)를 잃고 흔들거리며
　천룡들도 불법(佛法)을 본심(本心)으로 적청(寂聽, 고요하게 편안한마음으로 정확하게 들음)하여 환희심이 생겨 수지(受持)하고 수호(守護)하네.

【해설】
※ 師子吼無畏說(사자후무외설) : 종통(宗通)과 설통(說通)을 구족하여 설법을 하니 모든 설법이 사자후(師子吼, 獅子吼)가 된다.
　언제 어디에서나 사자후(獅子吼)를 두려움 없이 하여도 알아듣는 사람은 언하(言下)돈오(頓悟)의 경지가 된 최상근기의 수행자뿐이지만 항상 사자후(獅子吼)를 하는 것은 자비심으로 하는 것이다.
　두려움 없이 설법(說法)을 한다는 것은 자신의 자성이 공(空)이라는 것을 확신한 것이고, 종통(宗通)과 설통(說通)을 구족하였기 때문이다.
　범부와 중하근기의 수행자들은 석가모니 부처님의 사자후를 들어도 항상 의심만 하고 믿지 않은 것을 두고 귀머거리·맹인·벙어리 등에 비유하여 설하고 있는 것도 이런 것이다.
　범부들에게 바른 것과 거짓을 구분하지 못하게 하고 무조건 믿어야 한다고 하는 신앙심을 강조하여 가치관이 없는 문맹인(文盲人)이

되면 범부들은 결국에 누군가에게 조종당하게 된다.

그러므로 사자후를 하여도 듣지 못하는 이가 되어 세뇌된 신앙의 단체에서 왕이 되기를 바라고 살아가게 되는 것이다.

※ 百獸聞之皆腦裂(백수문지개뇌열) : 중생들이 가진 고정관념을 버리게 설법을 하면 도망가는 중하근기의 중생들은 자신이 감당하지 못하므로 자신들은 하지 못할 것이라고 포기하고 바라만 보게 된다.

그러나 상근기의 수행자들은 환희심을 내어 고정관념을 버리고 진여의 지혜로 살아가게 되는 것이다.

사자후(獅子吼, 師子吼)를 들으면 수행자들은 중생심의 번뇌망념을 모두 버리고 자신의 마니보주를 찾아 활용한다.

중생들의 머리가 깨어진다고 하는 것은 자신이 가진 잘못된 고정관념이 깨어지는 것을 말하는 것이고, 원래부터 가진 자신의 본성을 찾아 살아가게 되는 것을 머리가 깨어진다고 비유하여 종종 설한다.

※ 香象奔波失却威(향상분파실각위) : 향상(香象)들도 자신들이 가진 위엄을 잃는다고 하는 것은 소승으로 수행하는 삼승(三乘)들이 사위의(四威儀)를 잃는다고 하는 것이다.

소승(小乘)의 수행자에서 대승(大乘)의 수행자로 전환하게 하는 사자후의 설법을 들으면, 소승(小乘)의 수행자들이 고정관념을 모두 버리게 된다고 하는 설법이다.

소승의 수행자들이 불법(佛法)을 조금도 어기지 않고 열심히 수행정진 하지만, 부처로 살아가지 못하는 것을 깨우쳐주는 대승의 설법을 듣고 대승으로 전환하게 된다는 것을 나타내는 부분이다.

이것은 우두법융(牛頭法融)이 사조(四祖)도신을 만난 후에는 새들이 공양을 물어오지 않았다고 하는 것과 같이 소승에서 대승으로 전환하면 사위의를 초월하여 살아가게 된다.

즉 범부와 성인이나 호악(好惡)·대소(大小) 등의 차별분별 하는 마음을 모두 초월하여 살아가기 때문에 새(중생)들이 알아보지 못하는 것이다.

※ 天龍寂聽生欣悅(천룡적청생흔열) : 천룡팔부의 수행자들은 불법(佛法)을 본심으로 듣고는 환희심이 생기고 불법(佛法)을 수지(受持)하여 수호(守護)하는 것이다.

상근기의 수행자들에게 사자후(獅子吼, 師子吼)를 하니 수행자들이 불법(佛法)을 수지(受持)하고 환희심으로 불법(佛法)을 수호(守護)하게 된다.

지음(知音)의 경지가 되어 이심전심(以心傳心)이나 염화미소(拈花微笑)가 되어야 환희심(歡喜心)을 내어 대승보살로 전환하여 살아가게 된다고 설하고 있다.

* 적청(寂聽) : 고요하게 편안한마음으로 정확하게 듣는 것.

마. 마니보주를 계승(繼承)

19. 遊江海涉山川, 尋師訪道為參禪,
     自從認得曹谿路, 了知生死不相干.
   ㉯ : (遊江海涉山川, 尋師訪道為參禪,
        自從認得曹谿路, 了知生死不相關.)

【번역】
강과 바다를 건너 구법(求法)하고 산과 물을 건너 고행하며
스승을 찾아 도(道)를 구(求)하며 참선(參禪)수행을 하고
직접 육조를 만나 조계의 참선수행법을 깨달아 계승하여
불법(佛法)을 요달하니 생사(生死)가 아무런 상관이 없다는 것을
체득하였네.

【해설】
※ 遊江海涉山川(유강해섭산천) : 강과 바다를 건너고 산과 물을
건너다닌다는 것은 불법(佛法)을 구하기 위하여 선지식을 여기저기
에 찾아 다녔다는 것을 말한다.
　불법(佛法)을 구하기 위하여 방황하며 고행(苦行)을 한 자신의
과거를 돌이켜 보는 것은 고행(苦行)이후에 불법(佛法)을 체득하였
기에 더욱더 자신이 확신하며 환희하게 되는 것이다.

※ 尋師訪道爲參禪(심사방도위참선) : 올바른 선지식을 찾아서 불법(佛法)을 구하여 묻고 확인한 것은 참선(參禪)수행을 위한 것이라고 하고 있다.

자신이 올바른 스승을 찾았다는 것을 암시하는 말이고 고행(苦行)을 하여 정법(正法)을 계승하게 되었다는 정당성을 나타낸다.

쉽게 불법(佛法)을 계승한 것이 아니라 고행(苦行)을 많이 하고 찾은 것이라는 것은 중생들에게 확신을 시키기 위한 것이다.

그렇지만 자신과 같이 고행(苦行)하다가 잘못하여 외도(外道)로 빠져 고통 받는 일이 없기를 바라는 자비심으로 이와 같은 말을 한 것이라고 보여 진다.

불법(佛法)을 만나 경율론을 공부하여 수행법을 훈습한 것이 구경에는 참선수행을 하였다고 하고 있다.

※ 自從認得曹谿路(자종인득조계로) : 자신이 산을 넘고 물을 건너서 겨우 육조혜능을 참문하여 조계의 수행법을 체득하게 되었다는 것은 혜능의 법을 계승하였다는 것이고, 정통(正統)의 법을 계승하여 자신의 일대사를 해결하였다고 말하고 있다.

자신이 혜능에게서 인가증명을 받고는 바로 자신의 생활로 돌아가려고 하자 하루라도 자고 가라고 하여 하룻밤을 지내고 갔다고 하여 일숙각(一宿覺)이라는 이름이 붙게 된 것이고, 자신이 지금까지 참선수행하고 훈습하여서 언하(言下)에 돈오(頓悟)하게 된 것을 나타내고 있다.

즉 이와 같이 줄탁동시(啐啄同時)가 되려고 하면 강과 바다를 건너고 산과 물을 건너 선지식을 참구하고 불법(佛法)을 참선수행하여 익혔을 때에 가능하다고 하고 있는 것이다.

그러므로 가만히 아무 것도 하지 않고 헛되이 시간만 보낸다면 이루어질 수 없다는 것을 암시하고 있는 부분이기도 하다.

만약에 영가의 『증도가』를 편집한 이들은 자신들이 속한 천태의 수행법으로 참선 수행을 하였기에 육조의 남종선을 언하에 돈오하게 되었다는 것이고 또 일숙각(一宿覺)을 강조하는 것도 이것 때문이라고 볼 수도 있다.

※ 了知生死不相干(요지생사불상간) : 번뇌망념의 생사(生死)대사(大事)가 무엇인지를 정확하게 요달(了達)하여 해탈하게 되었다는 뜻이다.

번뇌망념이 바로 깨달음이라는 것을 정확하게 체득하여 무생(無生)의 도리를 알게 되니 생사(生死)가 서로 간섭하지 않는다는 사실을 알게 되었다는 것이다.

즉 생사(生死)가 서로 간섭하지 않는다는 것을 깨달았다는 것은 생(生)은 법(法)이 생기는 것이고 사(死)는 법(法)이 멸(滅)했다는 것이므로, 서로 간섭할 수 없다는 것을 깨닫고 참선수행에서 무주(無住)의 생활이 몰종적(沒蹤跡)이라는 사실을 체득했다고 강조하는 부분이다.

그리고 영가가 지금까지 참선수행을 하다가 육조의 인가증명을 직접 받았다는 것을 말하고 있는 부분이며 남종선을 계승하였다는 것을 이렇게 기록하고 있는 부분이기도 하다.

20. 行亦禪坐亦禪, 語默動靜體安然, 縱遇鋒刀常坦坦,
　　假饒毒藥也閑閑, 我師得見然燈佛, 多劫曾為忍辱仙.
　㘽 : (行亦禪坐亦禪, 語默動靜體安然,
　　　縱遇鋒刀常坦坦, 假饒毒藥也閒閒.)

【번역】

　행주좌와(行住坐臥)하는 것이 모두 진여의 지혜로 생활하는 것이고

　어묵동정(語默動靜)하여도 항상 자성(自性)은 부동(不動)의 한 도인이니

　날카로운 칼날의 위협을 당할지라도 항상 거리낌이 없이 불법(佛法)의 지혜로 생활하며

　가령 독약을 먹어야 하는 형벌을 당할 위협이 있을지라도 항상 한가한 한도인으로 살고

　나의 본래 스승이신 석가모니불께서 연등불을 친견하고도
　다겁(多劫)을 인욕선인으로 수행한 것과 같네.

【해설】

※ 行亦禪坐亦禪(행역선좌역선) : 행주좌와(行住坐臥)가 모두 선(禪)이라고 하는 것은 생사(生死)가 서로 간섭하지 않는 경지에서 살고 있는 자신의 입장을 나타내고 있다.

　어디에서나 항상 좌도량(坐道場)이 되는 것을 깨닫고 진여의 지혜로 생활하게 되었다는 것은, 자신의 마니보주를 확신하고 불법(佛法)을 계승하였다는 것이다.

　선(禪)이 무엇인지를 정확하게 설명하고 있는 부분으로 사위의(四威儀)를 구족한 것이 선(禪)이므로 일상 생활하는 것이 선(禪)이

되는 것이라고 설명하고 있다.

다음 게송에서 생활이 선(禪)이고 마음이 어떻게 되어야 한다는 것을 이 부분에서 어묵동정이 안연(安然)해야 한다고 설하고 있다.

※ 語默動靜體安然(어묵동정체안연) : 자신의 마니보주를 찾아 확신하였으므로 어묵동정(語默動靜)할 때에도 항상 자신의 자성(自性)은 청정한 것이다.

그러므로 지금부터는 행주좌와(行住坐臥)할 때에 사위의(四威儀)에 맞게 생활하며 어묵동정(語默動靜)할 때에도 한도인(閑道人)으로 청정하게 살아가는 불퇴심(不退心)의 경지가 되었다고 확신하고 있다.

신심(身心, 몸과 마음)이 일치한 것을 두고 언행일치(言行一致)가 되어야 한도인(閑道人)이 된다고 다시 강조하고 있는 부분이다.

※ 縱遇鋒刀常坦坦(종우봉도상탄탄) : 자신의 생활에 확신을 가지면 자신이 하는 것에 하나의 의심이 없게 되고 두려움이 없는 무외(無畏)의 경지에 도달하였다고 확신하고 생활하기 때문에 누군가가 협박을 하더라도 자신의 할 일을 굽히지 않고 할 수 있게 된다.

이와 같이 확신하였으므로 항상 한도인으로 살아가는 것이지 다른 사람들에게 나타내기 위하여 살아가는 것은 아니다.

총칼로 협박을 한다고 하여도 불성(佛性)은 꺾을 수 없다는 것을 설명하는 것이지 당랑거철(螳螂拒轍)과 같은 상황에서도 당당하게 행동을 하여 살인자들에게 죽임을 당하여야 용기가 있는 것은 아니다.

추측하여 보면 오탁악세에서 어떻게 살아왔는지를 잘 나타내고 있는 부분이라고 볼 수 있고, 또 외도들이 불교(佛敎)를 없애려고 얼마나 많은 악행을 저질렀는지를 짐작할 수 있는 부분이기도 하다.

※ 假饒毒藥也閑閑(가요독약야한한) : 독약을 먹거나 칼로 베어도 죽지 않는다고 번역을 하면 불교(佛敎)가 신비한 종교(宗敎)로 타락될 수도 있다.

그러므로 만약에 실제로 사람이 독약을 먹거나 칼로 베어도 죽지 않는다고 하는 것은 불교를 없애기 위한 정책이라든지 위협을 받고 있기 때문에 신비주의를 주장한 것이든지 아니면 절대자가 되어야 하는 자신들의 이기주의(利己主義) 때문에 그렇게 번역한 것이라고 보여 진다.

저자가 이렇게 말을 한 이유는 사악한 무리들이 설쳐도 항상 청정하게 살아가야 한다는 불퇴전(不退轉)을 다시 강조 한 것으로 천수경에 나오는 "我若向刀山, 刀山自摧折. 我若向火湯, 火湯自消滅.(내가 만약 칼산지옥에 가면 칼산지옥은 스스로 무너지네. 내가 만약 화탕지옥에 가면 화탕지옥은 스스로 말라지네.)"에서 말하듯이 도산지옥이나 화탕지옥이 저절로 사라지는 것을 강조한 것으로 생각된다.

총칼이나 독약, 독가스 등에 대하여 자신은 신통을 지녔다고 하면서 죽지 않는다고 자만(自慢)하거나 또는 그것에 맞서는 것이 용기라고 하여 총칼이나 독약으로 죽일 수 없다고 하는 것은 잘못된 것이다.

여기에서 총칼이나 독약 앞에서 태연하고 한가하다고 한 것은 시대적이 요청에 의하여 본보기를 보여준 것이고 많은 사람들을 제도(濟度)한 계기가 되었다는 것을 설명한 부분이라고 보여 진다.

※ 我師得見然燈佛(아사득견연등불) : 나의 본래 스승이신 석가모니불께서 연등불을 친견하였다고 하는 것은 본성(本性)이 공(空)이라는 사실을 자각(自覺)하여 부처가 되었다는 것을 나타내는 것이다.

전생담을 가지고 말하는 것은 어느 누구나 이와 같이 수행하여야 한다는 정당성을 말하는 것이 된다.

※ 多劫曾爲忍辱仙(다겁증위인욕선) : 다겁(多劫)동안 인욕선인으로 고행을 하였다고 하는 것은 모든 수행자들이 이와 같이 인욕바라밀을 실천해야 한다는 것이지 실제로 팔다리를 절단하라고 하는 것은 아니다.

시방삼세의 제불(諸佛)들도 모두 이와 같은 육바라밀(六波羅蜜)을 실천하여 부처가 되었다는 것을 말하는 것에도 어디에서나 물러나지 않는 한도인(閑道人)으로 살아가야 한다고 말하는 것이다.

다겁(多劫)이란 말을 한 것은 조금도 의심하지 말라는 말이고 그리고 의심을 하는 것은 쉽게 없어지지 않는 것이라고 강조하는 것이다.

21. 幾迴生幾迴死, 生死悠悠無定止,
    自從頓悟了無生, 於諸榮辱何憂喜.

【번역】

얼마나 많이 망념의 생사(生死)윤회 속에서 살았기에
망념의 생사(生死)윤회에서 벗어나지 못하여 생사(生死)를 멈출
수가 없었는데
자성(自性)이 공이라는 사실을 돈오하여 무생법인을 요달하니
모든 영욕(榮辱) 때문에 어찌 근심하고 즐거워하는 것이 있겠는
가?

【해설】

※ 幾迴生幾迴死(기회생기회사) : 중생들이 중생심의 생사(生死,
번뇌망념이 생기고 사라짐)를 단절시키지 못해서 미래의 겁이 다하
도록 윤회의 고통을 받는다고 하는 것으로 지금 벗어나지 못하면
앞으로 살아 있는 동안 생사(生死)의 윤회를 하게 되는 것이다.

그리고 영가현각이 지금까지 수행하면서 벗어나지 못하였던 번
뇌망념의 생사(生死)를 벗어나고 나서 자신이 지금까지 수행했던
과거의 입장을 나타내고 있다고 할 수도 있다.

구도(求道)를 위하여 얼마나 많이 방황하였다는 것을 나타내는
것으로 제불(諸佛)도 모두 이와 같이 수행하였다는 것을 말하는
것이고, 또 이와 같이 하지 않으면 안 된다는 것을 강조하기 위하여
연등불과 인욕선인을 거론한 것이다.

그러므로 결국은 자성(自性)이 공(空)이고 공(空)을 실천하는
것은 마니보주를 활용하여 한도인(閑道人)으로 살아가야 윤회고를
벗어나게 된다.

※ 生死悠悠無定止(생사유유무정지) : 생사(生死)를 멈출 수 없다고 하는 것은 망념(妄念)으로 망념(妄念)을 없애려고 하는 것이어서 자신이 자신을 계속 속박하게 되는 것이다.

그래서 망념의 속박에서 벗어나는 법은 자신의 자성(自性)이 공(空)이라는 것을 깨달아야 하는 것이지 누군가가 해줄 수 있는 법은 없다.

생사(生死)를 벗어나려고 하면 더욱더 생사에 얽매이게 되지만 생사(生死)를 자각하여 생사(生死)를 초월하면 진여의 지혜로 살아가게 된다.

※ 自從頓悟了無生(자종돈오료무생) : 번뇌망념의 생사(生死)를 멈추기 위해서는 자성(自性)을 공(空)이라고 철저하게 돈오(頓悟)하여야 무생법인(無生法忍)을 증득하게 된다.

언하(言下)에 돈오(頓悟)하게 되는 것 때문에 선지식이 전지전능하여야 자신이 구제받을 수 있다는 생각을 가지고 수행자가 전지전능한 선지식을 만나려고 시절인연을 기다린다면 그런 선지식은 영원히 만나지 못할 것이다.

왜 그런가하면 자신이 한도인(閑道人)이 되어야 하는데도 중생심을 버리지 않고 선지식이 자신을 구제하여 줄 것이라는 마음을 가지고 있다면 외도(外道)가 되는 것이기 때문이다.

언하(言下)에 돈오(頓悟)하게 되는 것은 줄탁동시(啐啄同時)가 되어야 한다는 것이므로 자신이 익지 않고 스승만 뛰어나야 한다는 생각을 가지고 선지식만을 찾아야 성불(成佛)한다는 착각은 하지 말아야 한다.

자성(自性)이 공(空)이라는 사실을 자각하고는 선지식을 만나 다시 무생법인(無生法忍)을 확인하고 검증받아야 하는 것 때문에 올바른 선지식의 안목(眼目)이 필요한 것이지만, 만약에 잘못된 선지식에게 인가(認可)를 받았다고 한다면 둘 다가 올바른 수행을 하지 않았다는 것이 된다.

무생(無生)을 깨달아 요달한다고 하는 것은 오온(五蘊)이 공(空)이라고 돈오(頓悟)하는 것이므로 자성(自性)이 바로 불성(佛性)이 되어 진여의 지혜로 살아가야 하는 것이다.

※ 於諸榮辱何憂喜(어제영욕하우희) : 자성(自性)을 공(空)이라고 확신을 하게 되었다면 무엇 때문에 명예와 치욕에 마음을 둘 필요가 있으며 또 명예를 구하기 위하여 조작하여 치욕(恥辱)을 받지 않으려고 근심할 필요가 있겠는가?

명예를 얻었다고 기뻐하는 것이나 치욕을 받는다고 근심하는 것도 자신이 중생심의 생사(生死)에서 벗어나지 못한 것이고 불교(佛教)에서 말하는 공(空)이 무엇인지를 모르는 것이 된다.

자성(自性)이 공(空)이고 무생(無生)이라는 사실을 증득하게 되면 모든 영욕(榮辱) 때문에 근심하고 즐거워하지 않게 된다고 한도인(閑道人)의 입장을 설하고 있다.

22. 入深山住蘭若, 岑崟幽邃長松下,
   優遊靜坐野僧家, 闃寂安居實瀟灑.

【번역】

깊은 심산(深山)에 사는 것처럼 항상 아란야에서 거주(居住)하니

높고 험한 산의 깊은 계곡에 사는 오래된 소나무아래에서 불심(佛心)으로 사는 한도인과 같고 * (고불심(古佛心))

자유자재하게 생활하며 좌선하는 곳이 좌도량이고 아란야가 되어

고요하고 편안하게 거주하며 진실로 청정하네.

【해설】

※ 入深山住蘭若(입심산주난야) : 한도인(閑道人)으로 살아가게 되면 언제 어디에서나 깊은 심산(深山)에 사는 것처럼 항상 아란야에서 거주(居住)하게 된다.

왜냐하면 깊은 산속에 들어가야만 조용한 것이 아니고, 자신이 생사(生死)를 벗어나 세속의 속박에서 해탈하면 어디나 좌도량(坐道場)이 되어 조용하게 되는 것이므로 비유하여 설한 것이다.

영가현각이 『영가집』에서 친구에게 권하는 편지에 설명하는 것처럼 만약에 꼭 깊은 산속에 들어가 살아야 한도인이 된다고 하면 도(道)를 깨닫고 난 이후에 살아야 한다고 강조하고 있듯이 은거(隱居)하는 것이 불교가 아니라는 것을 역설적으로 나타내고 있는 것이다.

즉 경계지성(境界之性)의 의미를 모르면 동정(動靜)에 빠져 깊고 높은 산의 소나무를 의지하게 된다.

※ 岑崟幽邃長松下(잠음유수장송하) : 높고 험한 산이라는 것은 세속의 영욕(榮辱)에서 벗어나기 어렵다는 것을 말하는 것이고 깊은 계곡에 사는 소나무는 불법(佛法)을 말한다.

그러므로 자신도 어렵게 선지식의 불법(佛法)을 계승하여 한도인(閑道人)으로 불법(佛法)에 어긋남 없이 살아가고 있다고 하는 것이다.

정법(正法)을 계승하여 어디에서나 한도인(閑道人)으로 살아갈 수 있으므로 깊은 계곡이나 높은 산에 살듯이 아무거리낌 없이 시장(市場)이나 세간에서 살아가는 것인데, 꼭 첩첩산중이나 깊은 바다 속에 들어가 살아야 하는 것으로 착각하는 경우가 있으니 조심해야 한다.

『영가집』에서 설하고 있는 것과 맥락을 같이 하는 것이라고 볼 수 있으며 영가현각의 흔적이 나타나는 부분이라고 볼 수 있다.

※ 優遊靜坐野僧家(우유정좌야승가) : 무생법인(無生法忍)을 증득하고 나니, 승가(僧伽)에서도 자유스럽게 생활하게 되는 것이라고 설명하고 있다.

자신의 자성(自性)이 공(空)이라는 사실을 확신하고 불법(佛法)을 계승하게 되면 어디나 좌도량(坐道場)이 된다.

※ 闃寂安居實瀟灑(격적안거실소쇄) : 아란야에서 평온하게 살아가는 모습을 나타낸 것으로 한도인으로 살아가게 되면 언제나 진실로 모든 곳이 청정하게 되는 것이다.

출가 수행자는 항상 진여의 지혜로 살아가므로 자성(自性)이 청정한 불공(不空)을 실천하며 중생을 제도(濟度)하고 있다.

바. 한도인(閑道人)이 마니보주를 사용

23. 覺即了不施功, 一切有爲法不同,
   住相布施生天福, 猶如仰箭射虛空.

【번역】

무생법인(無生法忍)을 자각하여 진여의 지혜로 살아가는 것을 요달하게 되면 더 이상 조작적인 공력(功力)을 베풀려고 하지 않아도

일체를 유위법(有爲法)으로 수행하는 것과 다르고

형상에 집착하는 유위법으로 하는 보시(布施)는 천상에 태어나기 위하여 복을 짓는 것이며

비유하면 허공을 향하여 화살을 쏘는 것과 같네.

【해설】

※ 覺即了不施功(각즉료불시공) : 무생멸(無生滅)의 도리를 깨달으면 조작적인 공력(功力)을 하지 않게 된다.

그러나 일반적으로 중생들은 하나의 지식적인 정보라도 더 알아야 위대하다고 생각하기 때문에 지식적인 정보를 알려주기에 급급하므로 조작적인 공력(功力)을 베푼다고 하는 것이다.

공력(功力)이란 말은 부처나 보살이 중생들을 수호(守護)하기 위하여 선(善)하게 살아가게 하려는 방편의 힘을 말한다.

그래서 여기에서는 한도인(閑道人)으로 살아가게 되면 모든 생활이 보살도를 실천하는 것이므로 조작적인 공력(功力)으로 중생들을 구제하지 않게 된다고 하는 것이다.

106

지금까지는 하나의 정보라도 더 알려서 억지로 중생들을 구제하려고 하였다는 것을 말하는 것이지만, 무생법인(無生法忍)을 증득하여 진여의 지혜로 살아가니 더 이상의 조작은 없게 되었다는 자신의 입장을 유위법(有爲法)에서 무위법(無爲法)으로 전환하게 되었다고 강조하고 있는 부분이다.

※ 一切有爲法不同(일체유위법부동) : 지금까지의 수행이나 중생구제를 위한 방편의 설법들이 모두 유위법(有爲法)이었다고 자신의 과거를 나타내고 있다.

　　유위법(有爲法)의 수행은 조작하는 것으로 일시적인 것이므로 유위법으로 수행하는 것과는 다르다고 하며 영원한 것을 추구하는 수행법을 말하는 것이 된다.

　　그러므로 자신이 영원한 것이 없다고 하면서도 영원한 것을 추구하는 수행을 하였다고 하는 모순이 된다.

　　그래서 다음은 유위법(有爲法)으로 수행하게 되면 어떻다는 것을 다시 설명하고 있다.

※ 住相布施生天福(주상포시생천복) : 유위법(有爲法)으로 하는 보시는 천상(天上)의 사람으로서 살아가는 복(福)을 받는 것으로 고금(古今)을 통해서 많은 사람들이 생천(生天)이 최고 경지라고 믿고 있는 것을 나타내고 있다.

　　육도윤회에서 천상(天上)에 태어나는 것이 최고의 복(福)이라고 하는 것은, 윤회하는 최고의 경지에 도달한 것을 말한다고 하지만 윤회를 벗어날 수 없는 복(福)인 것이다.

　　그러므로 윤회를 벗어나는 것은 육바라밀을 실천해야 하는 것이므로 보시(布施)를 하더라도 보시바라밀을 실천하라고 다음에서 화살에 비유하여 설명하고 있다.

보시(布施)를 비하(卑下)하는 것은 아니고 보시(布施)를 하되 보시바라밀을 실천하면 복덕(福德)이 한량없다고『금강경』에서도 설하고 있듯이 보시바라밀을 실천하기를 강조하고 있다.

※ 猶如仰箭射虛空(유여앙전사허공) : 주상(住相)의 보시를 화살을 허공에 쏘는 것에 비유하여 설명하는 것은 제행무상(諸行無常)과 제법무아(諸法無我)를 설명하는 것이다.

즉 보시(布施)를 하더라도 보시바라밀을 실천하지 않으면 가난한 사람은 항상 가난해야 보시를 받을 수 있게 되는 모순된 순환의 고리를 끊지 못하게 된다.

그러므로 보시(布施)를 하더라도 보시바라밀을 실천하여 모두가 평등한 천상천하유아독존(天上天下唯我獨尊)이라는 사실을 알고 (모든 사람들이 부모형제라고 알고) 보시바라밀을 실천해야 하는 것이다.

보시바라밀을 실천하지 못하면 허공을 향해서 쏘는 화살과 같으므로 보시바라밀을 실천해야 한다고 간절히 강조하고 있다.

24. 勢力盡箭還墜, 招得來生不如意,
   爭似無為實相門, 一超直入如來地.

【번역】

화살의 힘이 다하면 화살이 땅으로 떨어지게 되는 것처럼

복력(福力)이 다하고 나면 앞으로 하는 일은 마음대로 잘되지 않게 되고

* (보시바라밀을 행하지 않으면 ××이웃돕기나 형상이 있는 보시가 되는 것을 비유한 것이지 착한 일을 하지 말라는 것이 아니라 보시바라밀을 행하여 진여의 지혜로 살아가기를 바라는 것이다.)

무위법(無爲法)으로 보시(布施)를 행하며 실상(實相)의 법문(法門)을 하고 진여의 지혜로 생활하면

한 번에 바로 여래의 경지에서 생활하게 되네.

【해설】

※ 勢力盡箭還墜(세력진전환추) : 보시바라밀(報施婆羅蜜)을 실천하지 않으면 제행무상(諸行無常)한 현실이 다가온다고 떨어지는 화살에 비유하여 설명하고 있다.

그리고 제법무아(諸法無我)인데 주상(住相)의 보시(布施)를 하면 제법(諸法)유아(有我)가 되므로 항상 결과를 바라는 보시(布施)가 되어 자신도 해탈하지 못하고 타인도 해탈하지 못하게 하는 것이 된다.

물질이나 법을 보시한다고 하면 보시바라밀을 실천해야 하고, 또 물질이나 법을 공양(供養)한다고 하면 불법(佛法)을 정확하게 알고 불법(佛法)에 맞게 여래가 되어 보시바라밀(布施波羅蜜)을 실천하고 설(說)해야 한다.

만약에 이와 같지 않다고 한다면 화살이 다시 땅에 떨어지는 것과 같게 되는 것이라고 설하고 있는 것처럼 보시는 행하지만 보시바라밀(布施波羅蜜)은 행하지 못하는 것이 된다.

※ 招得來生不如意(초득래생불여의) : 화살이 땅에 떨어지고 나면 주상(住相)의 보시(布施)하기 이전과 똑같게 된다고 하는 것은 열반적정(涅槃寂靜)의 경지가 되지 않은 것이기 때문이다.

자신은 수행(修行)을 하지 않고 주상(住相)의 보시(布施)만 하면 되는 것이라고 알고 있다면, 결국은 삼법인(三法印)을 알지 못하고 무슨 행사만 하는 것이 되어 외도(外道)들이 하는 것과 같게 된다.

※ 爭似無爲實相門(쟁사무위실상문) : 무위법(無爲法)으로 보시(布施)를 조금도 모자라지 않게 하고 실상(實相)의 법문(法門)을 하면 자신도 구제하고 모든 중생을 구제하게 되는 것이다.

그리고 자신이 진여의 지혜로 생활하면 타인들을 진여의 지혜로 살아가게 하지만 조금도 다른 중생들을 구제한다는 마음이 없이 제도하는 것이므로 무위법(無爲法)으로 보시하는 것을 보시바라밀을 실천한다고 한다.

실상(實相)의 법문(法門)이라고 하는 것은 유위법(有爲法)으로 수행하는 중생들을 무위법(無爲法)으로 수행하게 하는 법문(法門)을 말한다.

자신이 행하지 않고 법문(法門)을 듣기만 한다고 하면 아난존자와 같이 다시 수행해야 하는 결과를 가지고 오는 것이고, 또 자기의 법문(法門)을 계속 들어야 하도록 하고 각자 자신들이 수행을 하지 못하게 한다면 이것은 신앙을 만들어내는 외도의 단체가 되는 것이다.

바르게 보시바라밀을 실천하는 실상(實相, 無生)의 법문(法門)을 하게 되면, 자타(自他)가 일시에 성불하게 된다고 강조하고 있다.

※ 一超直入如來地(일초직입여래지) : 무위법(無爲法)의 보시를 하게 되면 곧바로 여래의 경지를 깨닫게 되어 여래로서 생활하게 된다.

그러나 자신의 마니보주를 찾아서 사용하면 되는 것인데도 찾지 못하여 평생 동안 찾아다니다가 죽고 나서 항하사겁을 기다려야 찾게 된다고 하면 이것은 분명히 외도(外道)들의 장난인 것이 분명하다.

자신이 자신을 찾는다고 하는 것이 어려운 것은 밖에서 찾기 때문에 아주 어려운 것이지만 지금 자신이 하고 있는 것을 바로보고 안에서 찾으면 너무나도 쉬운 것이므로 누구나 여래로서 살아갈 수 있다.

25. 但得本莫愁末, 如淨瑠璃含寶月,
　　既能*解此如意珠, 自利利他終不竭.　　*（既能＝我今）

【번역】

　오직 불법(佛法)의 근본인 진여의 지혜로 생활하는 법을 체득하기만 하면 지말(枝末)의 방편은 걱정하지 않아도 되어
　맑은 유리구슬 속에 마니보주가 들어 있는 것과 같게 되니
　이미 이 마니보주(여의주)를 자신이 능히 찾아 생활하면
　자신도 깨닫게 되고 타인들도 깨닫게 하여 끝없이 계승하네.

【해설】

※ 但得本莫愁末(단득본막수말) : 단지 자신의 마니보주만 찾아 활용하면 될 뿐이며, 다른 사소한 걱정은 하지 않아도 계정혜(戒定慧) 삼학(三學)에 맞게 생활하면 모든 것이 정확하게 맞게 된다는 것을 설하고 있다.

　모르는 것을 지식의 방편으로 배워 지혜로 전환하는 것은 필요에 의하여 하는 것이므로 상구보리(上求菩提)라고 하는 것이고, 아는 것을 진여의 지혜로 살아가기 때문에 자타(自他)의 중생을 제도하기에 하화중생(下化衆生)이라고 한다.

※ 如淨瑠璃含寶月(여정유리함보월) : 자신의 마니보주를 확실하게 자각하여 사용하는 경지에 이른 것을 나타내는 것이다.

　한도인(閑道人)으로서 조금도 어긋남 없이 자유스런 생활을 하고 있는 모습을 투명한 유리구슬에다 비유한 것이고, 한도인(閑道人)이 살아가는 방법이 진여의 지혜로 맑고 청정하다는 것을 강조하고 있다.

112

그러므로 자신의 내부가 유리와 같이 공(空)하게 되면 외부는 달과 같이 모두를 청정하게 비추게 된다는 것을 비유하고 있다.

※ 既能解此如意珠(기능해차여의주) : 자신이 자신의 여의주를 찾아 한도인(閑道人)으로 생활하게 되는 환희심을 유리구슬처럼 확실하다고 하고는 불법(佛法)을 계승하게 하고 있다.

불법(佛法)은 어느 누구에게나 평등하므로 누구나 마니보주를 사용하는 한도인(閑道人)이 되어 일체중생들을 제도하게 된다.

※ 自利利他終不竭(자리리타종불갈) : 자신이 한도인(閑道人)으로 살아가면 불법(佛法)은 영원히 단절되지 않게 된다는 것을 강조고 있다.

이 부분은 앞에 "但得本莫愁末"에 설명한 것을 다시 확인시키고 있는 것으로 한도인(閑道人)의 생활은 상구보리(上求菩提) 하화중생(下化衆生)하는 대승불교의 보살도를 항상 실천하고 있는 것이다.

26. 江月照松風吹, 永夜淸宵何所爲,
　　佛性戒珠心地印, 霧露雲霞體上衣.

【번역】

　한도인의 생활은 강물에 비치는 달빛처럼 자연스럽고 있는 곳은 시원한 솔바람이 불어오는 좌도량이니

　밤이 길고 고요하게 되어 무슨 일을 더 조작으로 할 필요가 없고

　자신의 불성(佛性)을 자각하여 무상계(無相戒)를 체득하니 자유자재로 활용하는 마니보주는 심지법인(心地法印)이 되며

　안개·이슬·구름·노을과 같은 삼라만상이 모두 내 몸의 의발이네.

【해설】

※ 江月照松風吹(강월조송풍취) : 마니보주를 사용하게 되면 한도인(閑道人)의 생활은 청정하여 강물에 비치는 달빛과 같이 투명하고, 한도인(閑道人)이 사는 곳이면 항상 좌도량(坐道場)이 된다.

　『頓悟入道要門論』에 "만연구절(萬緣俱絶)　자연해탈(自然解脫)"이라고 하고 있듯이 제불(諸佛)이 살아가는 모습을 잘 나타내고 있는 부분이다.

※ 永夜淸宵何所爲(영야청소하소위) : 밤이 길고 하늘이 맑고 고요하다는 것은 번뇌 망념이 하나도 없는 경지에 살아가는 한도인(閑道人)은 무엇을 조작할 필요가 없다는 것이다.

즉 해탈하여 자유롭게 살아가는 자신이 한도인(閑道人)으로 불법(佛法)에 맞게 살아가는 것이라고 자신이 자신을 불법(佛法)으로 점검하고 확인하여 확신하는 내용이다.

※ 佛性戒珠心地印(불성계주심지인) : 무상심지계(無相心地戒)는 자신의 불성(佛性, 本性)을 자각하여 진여의 지혜로 생활하는 것을 불성계(佛性戒)라고 한다.

그러므로 불성(佛性)이나 계주(戒珠)라고 하며 진여의 지혜를 마니보주에 비유하여 설명한 것이고, 심지(心地)에 법인(法印)을 똑같이 찍듯이 진여의 지혜로 생활해야 하는 것이다.

※ 霧露雲霞體上衣(무로운하체상의) : 안개 · 이슬 · 구름 · 노을이라는 삼라만상의 모든 경계가 불성(佛性)이 되면 자신의 의발이 되는 것이다.

만법일여(萬法一如)나 경계지성(境界之性)을 설명하는 것이고, 한도인(閑道人)이 대상경계를 어떤 마음으로 상대하며 살아가는지를 잘 나타내고 있다.

27. 降龍鉢解虎錫, 兩股金鐶鳴歷歷,
　　不是標形虛事持, 如來寶仗親蹤跡.

㉯ : (降龍鉢解虎錫, 兩鈷金環鳴歷歷,
　　不是標形虛事持, 如來寶杖親蹤跡.)

㉰ : 鈷

【번역】

화룡(火龍)외도(外道)를 항복받아 발우에 넣고 호랑이와 같이
사나운 싸움을 석장(錫杖)으로 해결하듯이
　양쪽의 육환장 소리가 아직까지 귓전에 역력하게 울리는 것은
　이것이 한도인의 모습을 장엄하기 위하여 헛되이 지닌 것이 아니
고
　여래의 보배인 주장자를 수지하는 것은 여래의 종적(蹤跡)을
체득하여 실천하는 것이네.

【해설】

※ 降龍鉢解虎錫(항룡발해호석) : 화룡외도를 항복받은 발우와 호
랑이의 싸움을 말린 주장자를 가지고 있는 한도인의 위력이 위대하
다는 것을 말하는 것이지만, 화룡(火龍)외도(外道)나 호랑이를 제도
(濟度)하는 것도 타인이 아닌 자신이 무상계(無相戒)를 받아서 자신
이 제도(濟度)하게 하는 것을 발우에 넣고 싸움을 해결했다고 하는
것이다.
　그리고 호랑이와 같이 사납게 싸우는 것을 해결했다는 것은 대상
경계를 받아들이지 못하고 자신의 아상(我相)이 최고라고 고집하고
주장하는 것을 공(空)으로 돌이키게 했다는 것을 설명하고 있다.
　그러므로 실제로 야생의 화룡(火龍)이나 호랑이를 다스려야 부처

116

가 되는 것이라고 하면서 불에도 타지 않아야 하고, 독약에도 죽지 않아야 하며, 칼이나 총에도 죽지 않아야 한다고 말하지 말아야 한다.

또 한마디 더 사족(蛇足)을 붙이면 사람이 죽고 나서 천국이나 극락에 갔다고 하면서 잘 살다가 다시 돌아오기를 바라는 어리석은 짓은 더욱더 하지 말아야 한다.

※ 兩股金鐶鳴歷歷(양고금환명역력) : 양쪽에 걸린 쇠고리가 부딪치면서 나는 소리가 지금까지 들린다고 하는 것은 지금 자신이 육바라밀을 실천하고 있는 것을 말한다.

여기에서 양고(兩股)를 진제와 속제로 쇠고리를 육바라밀이나 12인연으로 설명하기도 하는 것은 이것을 실천하기를 바라는 간절한 자비심인 것이다.

※ 不是標形虛事持(불시표형허사지) : 한도인(閑道人)이 가진 것들은 자신을 장엄하기 위한 것이 아니고, 자신이 육바라밀을 실천하기 위한 지표(指標)이고 사위의(四威儀)를 구족하기 위한 것이다.

선승들이 필요에 의하여 불법(佛法)에 맞게 자유자재로 살아가기 위한 도구인 것이지 자신을 장엄하여 타인에게 나타내기 위한 것이 아니다.

※ 如來寶仗親蹤跡(여래보장친종적) : 여래(如來)의 보배라고 하는 것은 부처의 마니보주를 말하는 것이고 주장자는 조사(祖師)의 상징을 말하는 것이다.

그러므로 여래의 주장자를 수지(受持)하였다고 하는 것은 자신이 혼자 만든 것이 아니고 정통성을 계승(繼承)하였다는 것을 의미하는 것이므로 여래의 불법(佛法)을 체득했다는 뜻이다.

　또 여래의 주장자를 수지(受持)하여 자신이 중생교화의 보살도를
실천하고 있다는 것을 설하고 있다.

단지
노유신의 마음속에
번뇌망념의 때를
자신이 깨달아
자신의
마니보주를
찾아서

그
릇
됨
에
맞게
활용해야

하는
것이니까

〔但自懷中解垢衣〕

28. 不求眞不斷妄, 了知二法空無相,
　　無相無空無不空, 卽是如來眞實相.

【번역】

　진여(眞如)의 지혜를 구하지도 않고 망념을 단절하려고 하지도 않는 것은
　　진망(眞妄)의 두 법이 공(空)하다는 사실을 요달하여 진여의 지혜로 생활(無相)하기 때문이고　　*(무상(無相)을 실천하네.)
　진여의 지혜로 생활하는 것은 공(空)이나 불공(不空)이라는 마음이 없는 몰종적의 실천이니
　이것이 바로 여래의 진실한 모습이네.

【해설】

※ 不求眞不斷妄(불구진부단망) : 진여의 지혜로 살아가면서 진여의 지혜로 살아가기를 추구한다면 소를 타고 소를 찾는 격이며, 망념을 없애려고 하는 것이 오히려 자신이 진여의 지혜로 살아가는 것을 방해하는 것이 된다.
　그러므로 선악(善惡)이나 진망(眞妄), 옳고 그름 등의 차별 분별을 하지 않고 한도인으로 살아가야 한다.

※ 了知二法空無相(요지이법공무상) : 차별 분별하는 두 법(法)이 모두 공(空)하다는 사실을 요달하게 되면 번뇌(煩惱)가 바로 보리(菩提)가 된다.
　그리고 공(空)하다는 사실을 체득하여 진여의 지혜로 생활하는 것이 무상(無相)이므로 진망(眞妄)의 차별분별을 하지 않고 진여의 지혜로 생활하게 되는 것이다.

※ 無相無空無不空(무상무공무불공) : 무상(無相)의 생활을 진여의 지혜로 살아가는 것이라고 하는 것이므로 무주(無住)의 마음이 되어야 한다고 강조하는 것이다.

그리고 무주(無住)의 마음을 무공(無空)이나 무불공(無不空)으로 설명하는 것은 공(空)으로 불공(不空)을 실천하는 무상(無相)에서 한 걸음 더 나아가 몰종적(沒蹤跡)을 말하고 있는 것이 된다.

※ 卽是如來眞實相(즉시여래진실상) : 무주(無住)를 강조하는 것은 여래(如來)의 진실한 모습으로 몰종적이나 조도(鳥道)를 실천해야 한다고 설하고 있다.

이것이 바로 팔정도와 육바라밀을 실천해야 여래가 되는 것이라고 설하는 것이다.

29. 心鏡明鑑無礙, 廓然瑩徹周沙界,
　　萬象森羅影現中, 一顆圓明非內外.

【번역】

　불심(佛心)의 거울이 맑아서 비추어 보는데 장애가 없으면
　어디에서나 확연무성(廓然無聖)하여 항상 진여의 지혜로 생활하
게 되고　*(여래의 경지에서 살아가네.)
　삼라만상이 마음속에 영상(影像)으로 청정하게 나타나게 되어
　일심(一心)의 마니보주를 원만하게 자각하여 성범(聖凡)을 초월
하네.

【해설】

※ 心鏡明鑑無礙(심경명감무애) : 마음의 거울은 불심(佛心)을 말하
는 것이므로 번뇌망념을 관조하여 공(空)이라고 자각하면 청정하게
되니 모든 고액(苦厄)을 벗어나게 되어 장애가 없게 된다.
　『육조단경』에도 거울에 비유하여 신수와 혜능이 거울에 때를
닦아내는 것과 때의 근원을 자각하면 청정하다고 설명하였듯이
마음에 번뇌망념을 제거하는 것과 번뇌망념을 자각하는 차이를
나타내고 있다.
　마음속에 가진 알음알이의 영상이 청정하게 되면 육근(六根)이
청정하게 되고, 육근(六根)이 청정하면 육진(六塵)이 청정하여 육식
(六識)이 청정하게 되니 마음에 장애가 없게 된다.

※ 廓然瑩徹周沙界(곽연영철주사계) : 자신이 청정하게 되면 어디
에서나 성범(聖凡)이라는 의식도 없게 되어 항상 진여의 지혜로
생활하는 한도인(閑道人)이고 여래(如來)인 것이다.

사계(沙界)는 항하사와 같은 많은 세계를 말하는데 어디에서나 라고 하든지 무엇이나 라고 하면 항상 자신이 청정하게 되는 것을 나타낸다.

※ 萬象森羅影現中(만상삼라영현중) : 삼라만상이 자신의 마음속에 모두 청정하게 되는 것은 육진경계가 영상(影像)으로 나타나는데 청정하게 된다는 것을 말한다.

앞에 말하였듯이 마음의 영상(影像)을 제거하려고 하는 신수와 제거하지 않아도 되는 혜능의 차이를 파악하게 되면, 육식(六識)의 영상(影像)이 청정하게 된다.

즉 대상경계인 삼라만상과 자신이 하나가 되어 만법일여의 경지가 되면 심경(心鏡)에 나타나는 영상(影像)이 모두 청정하게 나타나는 것이다.

※ 一顆圓明非內外(일과원명비내외) : 거울에 밝게 비친 것을 알고 자신의 청정한 마니보주를 찾아서 모두가 원만하다는 것을 자각하게 되면, 확연무성(廓然無聖)하여 성범(聖凡)을 모두 초월하게 되어 육근(六根)·육진(六塵)·육식(六識)이 청정하게 된다.

(즉 진여의 지혜로 살아가는 한도인은 내외(內外)가 명철(明徹)하게 되어 살아간다고 하는 것이다.)

『증도가』 저자의 지금까지 수행법은 혜능이 말하는 남종선의 수행과는 확연하게 다르다는 것을 설하는 것으로 번뇌즉보리(煩惱卽菩提)와 생사즉열반(生死卽涅槃)을 설명하고 있다고 볼 수 있다.

남종선이 성행하게 된 것을 추론하여 보면, 첫째는 어느 누구나 수행하면 부처가 되는 것을 간단하게 자신의 거울만 청정하면 된다고 하는 것이고, 또 하나는 사람의 신분을 철폐하는 계기가 되었기 때문일 것이다.

　대승불교를 실천하는 계기가 되는 사건이 남종선의 출현이라고 볼 수 있는데 지금까지의 불교를 전환하여 많은 조사들이 출현하게 되는 시발점이 되었듯이 현대에서도 이와 같이 수행하여 많은 조사들이 출현하기를 기대해본다.

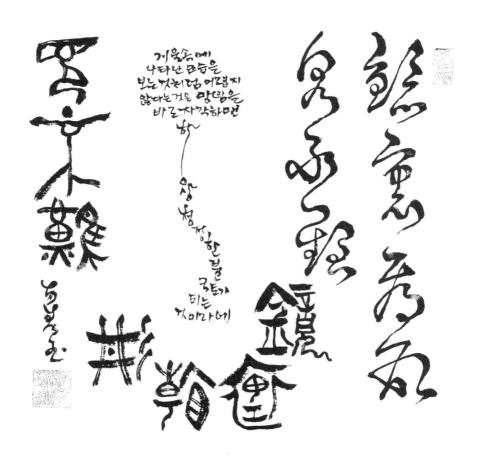

〔鏡裏看形見不難〕

30. 豁達空撥因果, 莽莽蕩蕩招殃禍,
　　棄有著空病亦然, 還如避溺而投火.

㉯ : (豁達空撥因果, 莽莽蕩蕩招殃禍,
　　棄有著空病亦然, 還如避溺而投火.)

㉰ : 過

【번역】

단멸공(斷滅空)을 주장하고 인과(因果)가 없다고 하며 외도(外道)로 살면
* (공(空)을 확실하게 통달하여 인과(因果)에 미혹하지 않게 되면)
인과(因果)에 미혹하여 인과(因果)에 떨어져 모든 재앙을 받게 되는 것이고
* (아득하고 끝이 없는 재앙의 속박에서 자유롭게 되고)
의식의 대상경계를 포기(抛棄)하고 도리어 공(空)에 집착하면 공병(空病)에 떨어진 것이며
이것은 도리어 물에 익사할 위험을 피하다가 불속에 뛰어든 것과 같은 것이네.

【해설】

※ 豁達空撥因果(활달공발인과) : 인과(因果)의 이치를 무시하고 결국은 모든 것이 없어져서 공(空)하게 된다는 잘못된 공(空)을 주장하는 자연외도(自然外道)에 떨어지지 말기를 바라는 내용이다.
즉 불락인과(不落因果)와 불매인과(不昧因果)의 차이를 설명하는 것과 같은 것이다.
공(空)은 『반야심경』에서 설하고 있듯이 오온(五蘊)이 모두 공

124

(空)하므로 색즉시공(色卽是空)과 공즉시색(空卽是色)이라는 공(空)의 논리를 정확하게 파악하게 되면 인과(因果)에 미혹하지 않게 된다.

　인연법을 무시하고 자신들의 감정에 따른 중생심으로 불법(佛法)을 설한다고 하면 과보를 초래하는 것은 당연한 것인데도 행운을 바라며 기도를 하면 이루어진다고 하여 더욱더 큰 재앙을 부르지는 말아야 한다.

※ 漭漭蕩蕩招殃禍(망망탕탕초앙화) : 불교의 인연법을 무시하고, 또 공(空)을 허무나 단멸로 잘못 알면서 인과(因果)에 떨어지지 않아야 한다고 하는 것은, 언설(言說)로 구업을 지으면 모든 재앙을 초래하게 된다고 하는 것이다.

　즉 자신의 마니보주를 사용하여 진여의 지혜로 살아가는 한도인(閑道人)이 떨어지기 쉬운 공병(空病)을 설명하여 불퇴전하지 않기를 바라는 자비심으로 설하고 있다.

　그러므로 인과(因果)에 떨어지면 모든 재앙을 받는 것이지만 인과(因果)에 미혹하지 않으면 아득하고 끝이 없는 재앙의 속박에서 자유롭게 된다고 역설적으로 설하고 있다고 볼 수 있다.

※ 棄有著空病亦然(기유착공병역연) : 의식의 대상경계를 버리고 공(空)에 집착하는 것은 고정관념이나 잘못된 견해를 버리라는 것인데 불교의 인연법을 알지 못하면 도리어 공(空)에 집착하는 결과를 초래하게 된다.

　공(空)이나 중도(中道)를 잘못알고, "자기의 잘못된 모든 견해를 벗어나려고 하지 않고 특별한 공(空)이나 중도(中道)가 있다고 집착하면 부처님이 직접 교화를 한다고 해도 제도할 수 없다." 라고

『中論』卷2「觀行品」13(『大正藏』30, 18쪽. 하16.) :「大聖說空法 為離諸見故 若復見有空 諸佛所不化」,『摩訶止觀』卷4 (『大正藏』 46, 41쪽. 상13.) :「大論云. 諸佛說空義 為離諸見故 若復見有空 諸佛所不化」에 설한 것을 설하고 있다.

마음을 비워야 한다고 알고 있는 소승의 수행자들에게 비운다는 것이 오히려 병이 된다는 것을 말하고 있다.

즉 번뇌 망념의 마음을 비우는 것을 공(空)이라고 알고 비운다는 것에 집착하게 되면 오히려 비운다는 심병(心病)에 걸리게 되고, 또 비우지 않게 되면 출가(出家)하여서도 중생심으로 세속(世俗)에서 살게 된다.

※ 還如避溺而投火(환여피익이투화) : 번뇌 망념을 비워야 올바른 수행자라고 하지만 잘못하면 오히려 이것 때문에 비운다는 번뇌 망념에 빠지게 되는 것을 걱정하고 있다.

그래서 물에 익사(溺死)하지 않으려고 불에 타게 된다는 것에 비유한 것으로 번뇌 망념을 제거하기 위하여 공병(空病)에 떨어지는 것은 더 불행하게 된다고 하고 있다.

공(空)을 올바르게 알지 못하고 수행을 하면 외도(外道)가 되기 쉽다고 설하는 것이고, 불법(佛法)의 대의를 알지 못하면 외도(外道)가 된다고 비유하여 설하고 있다.

불법(佛法)의 근본대의를 파악하지 못하고 살아가면 천상(天上)의 삶이 한도인(閑道人)인 것처럼 알고 생활하면서 많은 사람들을 현혹하게 된다고 하는 것이고, 또 자신이 자연외도(自然外道)인지 아닌지를 모르면서 살아간다면 분명히 외도(外道)라고 설하고 있다.

31. 捨妄心取眞理, 取捨之心成巧僞,
　　學人不了用修行, 眞成認賊將爲子.
㉯ : (捨妄心取眞理, 取捨之心成巧僞,
　　　學人不了用修行, 深成認賊將爲子.)

【번역】

　망심(妄心)을 버리고 진리(眞理)를 취하여야 한다고 하면
　취하고 버린다는 그 마음이 바로 (위선적인) 조작심이니
* (망념을 버린다는 마음이 망념이 된다.)
　수행자가 이러한 불법(佛法)의 도리를 요달하지 못하면서 조작심
으로 수행을 하면
　진실로 도둑을 자식으로 인정하여 수행하는 것이 되네.

【해설】

※ 捨妄心取眞理(사망심취진리) : 선병(禪病, 空病)은 번뇌망념을
버리고 진리를 취해야 진정한 수행자가 된다고 알고 있는 것을
말한다.
　즉 공(空)이나 진리(眞理)를 잘못알고 버리고 취하여야 한다는
집착에 떨어지게 되는 것이 선병(禪病)이 된다고 하는 것이다.
　취사선택(取捨選擇)하는 선병(禪病)을 가지고 수행하는 사람들
을 교화하기 위하여 무념(無念), 무상(無相), 무주(無住)를 『육조단
경(六祖壇經)』에서 강조하는 것도 단견(斷見)에 떨어진 수행자를
구제하기 위한 방편이다.

※ 取捨之心成巧僞(취사지심성교위) : 선(善)을 취하고 악(惡)을 버려야 한다는 마음이 오히려 병이 된다고 하였듯이 이 모두를 사량 분별하지 말고 청정하게 살아가야 한도인(閑道人)이 되는 것이다.

이와 같은 것을 진여의 지혜로 살아간다고 하는 것인데도 자신이 해야 한다는 아상(我相)과 인상(人相)에 빠지면 공(空)이나 불법(佛法)을 알지 못하고 선병(禪病)에 떨어지게 된다.

선(善)을 취하고 악(惡)을 버린다는 그 마음이 바로 위선적인 조작심이 되므로 번뇌 망념을 버린다는 그 마음이 번뇌 망념이 되는 것이다.

※ 學人不了用修行(학인불요용수행) : 수행자들이 이러한 불법(佛法)의 대의(大意)를 알지 못하고 공(空)이나 진리(眞理)를 추구한다면 영원히 생사(生死)의 윤회를 벗어나지 못하게 되고 수행자의 본분을 잃게 된다.

※ 真成認賊將爲子(진성인적장위자) : 수행자가 자신의 본분을 잃고 수행하면 소를 타고 소를 찾는 수행자가 되고 도둑을 자식으로 알고 소중히 하게 된다고 하는 말이다.

불법(佛法)을 알지 못하고 고행(苦行)하는 사람들이 깨달음을 추구하는 것을 비유한 것으로 불법(佛法)의 도리를 잘못 알고 고행(苦行)을 수행으로 알면 도둑인지 주인인지를 구분하지 못하고 방황하게 된다는 것을 말하고 있다.

32. 損法財滅功德, 莫不由斯心意識,
　　是以禪門了却心, 頓入無生智見力.
　④ : (損法財滅功德, 莫不由斯心意識,
　　　是以禪門了却心, 頓入無生知見力.)

【번역】

불법(佛法)의 근본재산을 잃고 진여의 지혜로 살아가지 못하여
공덕이 없게 되는 것은

불법(佛法)을 알지 못하고 심의식(心意識)을 대상으로 아는 것
때문이니

그래서 선문(禪門)에서는 심의식(心意識)을 요달(了達)하라고
하는 것이고

무생(無生)의 지혜를 정확하게 체득하여 진여의 지혜로 살아야
하네.

【해설】

※ 損法財9)滅功德(손법재멸공덕) : 불법(佛法)을 자신의 불법(佛

---

9) 『毘尼關要』卷1(『만속장』40, 490쪽. 상8.):「七財者, 謂出世間之法財也. 如
　世財能養色身壽命. 法財能養法身慧命一切眾生行此七法資成道果. 故謂之
　財
　一信財, 信即信心, 謂信能決定受持正法, 以為成道之資. 故名信財.
　二戒財, 戒即戒律, 謂戒為解脫之本, 能防身口意之非, 以為成道之資. 故名
　戒財.
　三聞財, 聞為三慧之首, 聞佛聲教, 則開發妙解, 如說而行, 以為成道之資.
　故名聞財.
　四捨財, 捨即捨施, 謂若能運平等心, 無憎無愛, 身命資財, 隨求給施, 以為
　成道之資. 故名捨財.
　五定慧財, 定慧即止觀也. 定則攝心不散, 止諸妄念. 慧則照了諸法, 破諸邪
　見, 以為成道之資. 故名定慧財.
　六七慚愧財, 慚者慚天. 愧者愧人. 謂既能慚愧, 則不造作諸惡業, 以為成道
　之資. 故名慙愧財也.)」

法)으로 전환하지 못하고 대상으로 알고 살아가는 것을 말한다.

즉 법재(法財)를 잃게 되면 출세간의 삶을 살지 못하고 도(道)가 없다고 경에서 법재(法財)를 7가지로 설하고 있는데 즉 『毗尼作持續釋』卷8(『만속장』41, 433쪽. 하24.):「聖法財者, 略則即信戒聞捨慧慚愧七法.」는 자신의 법신을 출세간에서 살아가게 하는 필수품이라고 설하고 있다.

이것을 자신의 재산으로 하지 못하면 출세간에서 수행할 수 없다고 하는 것을 비유하여 세간에서 색신(色身)의 수명(壽命)을 연장시키는 재산이 없는 것과 같다고 설하고 있다.

불법(佛法)의 대의(大意)를 알고 자신이 활용하는 한도인(閑道人)이 되지 못하면 지혜가 없어 공덕(功德)이 없다고 하는 것이며 양무제와 같이 무공덕(無功德)의 삶을 살지 말라고 하는 설법이다.

※ 莫不由斯心意識(막불유사심의식) : 심의식(心意識)으로 말미암아 공덕(功德)이 없게 된다고 하는 것은 마음으로 집착과 사량(思量, 思惟)과 분별(分別, 了別)을 자신의 중생심으로 하게 되므로 탐진치(貪瞋痴)에 물들게 되어 공덕(功德)이 없다고 하는 것이다.

그러므로 불법(佛法)의 대의(大意)를 알고 계정혜(戒定慧)에 맞게 진여의 지혜로 살아가는 몰종적(沒蹤跡)의 한도인(閑道人)이 되어야 공덕(功德)이 있다는 것을 강조하고 있다.

심의식(心意識) 때문에 공덕이 없다고 하는 것은 중생심의 마음을 심(心)이라고 한 것이고, 의(意)는 중생심의 마음으로 생각하여 분별하는 것을 말하는 것이고, 식(識)은 중생심의 마음으로 분별하여 자신이 판단하여 결정하는 것을 말한다.

그러므로 불법(佛法)의 대의를 알지 못하고 자신의 중생심으로 알고 판단하여 결정하니 공덕이 없는 것이고 이와 같이 결정하여 자신의 인생을 살아가는 것을 두고 도둑을 자식으로 안다고 한다.

※ 是以禪門了却心(시이선문요각심) : 그러므로 선문(禪門)에서는 자신의 마음을 자각(自覺)하라고 하는 것이다.
    심의식(心意識)을 요달(了達)하라고 하는 것은 자성(自性)이 공(空)이라는 사실을 확신하여 무생(無生)의 도리(道理)를 깨달아 진여의 지혜로 살아가기를 바라는 것이다.

※ 頓入無生智見力(돈입무생지견력) : 자성(自性)이 무생(無生)이라는 사실을 자각하여 자신이 아는 지혜를 바로 체득하여야 진여의 지혜로 살아가게 된다.
    자신이 불법(佛法)을 대상으로 알고 지식만 가지고 있으면서 자신이 사용하지 못하면 타인(他人)의 불법(佛法)을 전하는 나팔수(傳口令)가 되는 것이므로 전하는 사람도 불법(佛法)의 대의를 알지 못하고 전하는 것이니 알아듣는 사람이 불법(佛法)의 대의를 안다는 것은 희귀한 일이 된다.

33. 大丈夫秉慧劍, 般若鋒兮金剛焰,
　　非但能摧外道心, 早曾落却天魔膽.

【번역】

대장부(大丈夫)가 되어 지혜의 칼을 수지(受持)하여 생활하고
반야지혜의 칼로 망념을 모두 제거하여 진여의 지혜로 자비를
실천하면
　비단 능히 외도(外道)의 망심(妄心)을 파괴할 뿐만 아니라
　일찍이 천마(天魔)의 간담까지도 떨어지게 하네.

【해설】

※ 大丈夫秉慧劍(대장부병혜검) : 무생(無生)을 체득하여 대장부
(大丈夫)가 되어 한도인(閑道人)으로 살아가는 법은 반야의 지혜를
수지(受持)해야 한다.
　지혜의 검(劍)은 불법(佛法)을 수호하고 실천해야 하는 것이므로
검(劍)을 강조한 것이며 망념(妄念)을 없애고 지혜를 사용하게 하는
칼을 수지(受持)해야 대장부인 것이다.

※ 般若鋒兮金剛焰(반야봉혜금강염) : 살인도(殺人刀)와 활인검
(活人劍)을 수지(受持)한 대장부가 한도인(閑道人)으로 살아가는
법을 반야지혜의 칼과 금강의 불꽃으로 제시하고 있다.
　반야지혜의 칼이란 진여의 지혜는 모든 망념을 불법(佛法)에
맞게 공(空)으로 돈오(頓悟)할 줄 아는 대장부가 수지(受持)한 것이
므로 칼이란 표현을 사용한 것이고, 금강(金剛)의 불꽃이란 파괴되
지 않는 진여의 지혜를 수지(受持)하여 자비를 실천하는 대승보살이
되었다는 것을 확인하는 것이다.

132

※ 非但能摧外道心(비단능최외도심) : 진여의 지혜로 살아가면 외도(外道)들도 모두가 항복하게 된다는 것은, 어느 누구나가 자신의 근본인 자성(自性)을 알게 되면 탐진치(貪瞋痴)에서 벗어나게 된다고 하는 것이다.

즉 탐진치(貪瞋痴)에서 벗어나게 되면 외도(外道)들이 외도(外道)가 아니고 진여의 지혜로 살아가게 되는 것이라고 설하는 것이다.

※ 早曾落却天魔膽(조증락각천마담) : 외도(外道)들이 주장하는 것의 근본을 파괴하고 자신들이 탐진치(貪瞋癡)의 욕망에서 해탈하게 하는 법을 설하고 있다.

즉 외도(外道)들의 우두머리까지도 반야지혜의 칼이 자신이 자신을 제도(濟度)하는 것으로 일천제(一闡提)를 제도(濟度)하는 것도 이와 같은 것이다.

34. 振法雷擊法鼓, 布慈雲兮灑甘露,
　　龍象蹴踢潤無邊, 三乘五性皆惺悟.
　㉯ : (震法靁擊法鼓, 布慈雲兮灑甘露,
　　　龍象蹴踏潤無邊, 三乘五性皆醒悟.)

【번역】
　법음(法音)을 우레와 같이하고 법고(法鼓)를 치는 것은 중생을
제도하는 것으로
　자비를 펼쳐 번뇌를 제거하고 감로수를 뿌려서 지혜를 증장(增長)
시키고
　용상(龍象)이 밟고 지나가면 모든 중생들을 한량없이 윤택하게
되니
　삼승(三乘)과 오성(五性)의 수행자들이 모두 깨닫네.

【해설】
※ 振法雷擊法鼓(진법뢰격법고) : 이심전심(以心傳心)의 경지가
되면 법음(法音)이 진동하게 되고, 염화미소(拈花微笑)의 경지가
되면 북을 치는 소리만 들어도 중생심이 사라지고 불심(佛心)이
증장하게 된다.
　즉 천둥소리에 법음(法音)을 비유한 것은 정법(正法)의 힘으로
모든 마장은 파괴되는 것이고, 또 한도인이 사자후(獅子吼)를 하는
법문만 들으면 모든 번뇌 망념이 사라지듯이 법고(法鼓) 소리만
들어도 중생들이 자각하게 된다.

134

※ 布慈雲兮灑甘露(포자운혜쇄감로) : 대장부가 진여의 지혜로 생활하며 자비를 펼치는 것은 모든 번뇌를 사라지게 하는 것이고, 감로의 설법을 하면 수행자들이 생사(生死)의 망념에서 벗어난다.

여기에서 천둥과 구름 그리고 비에 비유하여 중생을 제도한다고 하는 것은 평등하게 모두를 제도한다고 하는 것이고, 또 모든 중생들이 인혹(人惑)에서 벗어나기를 바라는 자비심이다.

다시 설명하면, 자비심은 구름을 말하는 것으로 불법(佛法)의 본체인 것이고, 비는 대장부의 법문을 말하는 것으로 보살도를 실천하는 것이며, 천둥소리는 사자후로서 중생이 자신의 망념을 자각하게 하는 무상심지계(無相心地戒)인 것이다.

※ 龍象蹴蹋潤無邊(용상축답윤무변) : 대장부나 여래가 법을 설하면 근본적인 설법을 하는 것이므로 삼승(三乘)과 오성(五性)이 윤택하게 한다.

또 한도인의 생활은 모든 중생들을 이롭게 하는 보살도의 실천이므로 일천제(一闡提)도 성불(成佛)하게 하는 것이다.

※ 三乘五性皆惺悟(삼승오성개성오) : 대장부의 설법은 성문(聲聞), 연각(緣覺), 보살(菩薩)을 일승(一乘)으로 제도하고 오성(五性)을 모두 제도(濟度)한다.

이것은 일체의 망념 없이 청정하게 법을 설하는 대장부의 생활모습을 나타내는 것이고, 해탈하여 조작됨이 없이 살아가는 것을 보여 주는 것이다.

그러므로 법(法)을 설하는데 무슨 목적의식을 가지고 설하는 것이 아니고 자연스런 한도인(閑道人)의 생활을 말하는 것이다.

모두가 여래(如來)이고 한도인(閑道人)이라는 것이므로 누구나 진여의 지혜로 살아가면 되는데 삼승(三乘)과 오성(五性)으로 구분짓는 것은 구제의 방편으로 설정한 것이다.

일체 중생을 이롭게 한다는 것을 말하기 위하여 용상(龍象)을 비유한 것은 모든 사람들이 진여의 지혜로 살아가기를 바라는 간절한 마음이다.

그리고 천제(闡提)가 성불(成佛)한다는 것은 무종성(無種性)인 천제(闡提)를 천제(闡提)라고 보지 않고 천제(闡提)를 교화(敎化)하는 것이며, 천제(闡提)가 자신의 본성(本性)을 공(空)이라고 알게 하여 성불(成佛)하게 하는 것이다.

여기에서 오성(五性)을 제도(濟度)한다고 하면 다른 생각의 신통을 말하는 이들이 있을 수 있는데 착각하지 말아야 한다.

즉 벙어리가 말을 하고 맹인이 앞을 보게 되고 걷지 못하는 이가 걸을 수 있게 하여야 한도인(閑道人)이 된다고 알고 있는 수행자가 있다면 착각하지 말고 불법(佛法)의 대의(大意)를 잘 알고 수행하여야 한다.

35. 雪山肥膩更無雜, 純出醍醐我常納,
　　 一性圓通一切性, 一法遍含一切法.

【번역】

설산의 비니초는 순수한 진여의 지혜를 말하는 것이니
내가 진여의 지혜로 생활하며 자비를 실천하여
진여본성을 원만하게 통달하니 일체법계의 본성이 공(空)하게
되어
일심(一心)의 법이 일체법을 모두 포섭하네.

【해설】

※ 雪山肥膩更無雜(설산비니경무잡) : 비니초가 있는 곳에는 다른
풀이 없다는 것을 비유하는 것은 한도인(閑道人)이 살아가는 곳에는
망념(妄念)이 전혀 없다는 것을 강조한 것이고, 또 용상(龍象)이
지나가는 곳에는 삼승(三乘)과 오성(五性)이 윤택하게 되는 이유를
다시 확신시키기 위한 설법이다.

　즉 진여의 지혜로 일체를 공(空)이라고 자각하는 한도인이 되었다
는 것을 설산의 비니초에 비유하여 비니초를 먹은 백우가 만든
제호(醍醐)를 먹고 산다고 하는 것이다.

※ 純出醍醐我常納(순출제호아상납) : 비니초만 먹고사는 백우(白
牛)는 제호(醍醐)를 만들어 내는데, 한도인이 제호(醍醐, 佛性)만
먹고 사는 것은 일체의 번뇌 망념이 없이 생활한다는 것을 말한다.

　그리고 한도인이 되어 진여의 지혜로 생활하면서 자비를 실천하
는 것은 무슨 목적을 가지고 하는 조작심이 전혀 없다는 것을 강조하
는 내용이다.

먹는 것을 청정하게 먹으면 청정한 생활을 하게 된다는 간단한 논리를 펼치고 있는 비유는 불성(佛性)으로 불법(佛法)에 맞게 생활하면 바로 어긋나는 일이 없게 된다는 것을 설하는 것이다.

누구나 한도인으로 살아가는 법은 항상 진여의 지혜로 불법(佛法)에 맞게 살아가면 된다고 설하고 있다.

※ 一性圓通一切性(일성원통일체성) : 진여본성을 원만하게 통달한다는 것은 자신이 가진 일체법의 본성(本性)을 공(空)이라고 자각하게 되는 것을 말한다.

자신이 진여본성을 원만하게 통달하여 공(空)하게 되면 대상경계의 일체법계도 모두 본성이 공(空)하게 된다.

이와 같은 경계지성(境界之性)의 경지가 되면 모두가 차별분별하지 하는 만물(萬物)일체(一體)가 되었다고 하는 것이다.

※ 一法遍含一切法(일법편함일체법) : 일법(一法)이 청정하면 만법(萬法)이 청정하게 되는 것은 만법일여(萬法一如)가 되어야 한다.

이와 같이 일법(一法)을 청정하게 할 줄 알면 일체법도 청정하게 할 줄 알게 되어 자성(自性)이 공(空)이라는 사실을 확신하여 불공(不空)을 실천하게 된다.

이것을 자성(自性)을 깨친다고 말하고 있는 것이고, 이렇게 깨달으면 모든 것을 성취하는 것이라고 말하고 있는데, 이것은 자신이 하나하나를 청정한 지혜로 훈습하여 실천해야만 가능한 것이다.

36. 一月普現一切水, 一切水月一月攝,
　　諸佛法身入我性, 我性還共如來合.
㉯ : (一月普現一切水, 一切水月一月攝,
　　諸佛法身入我性, 我性同共如來合.)

【번역】

하나의 달이 모든 물에 각각 나타나지만
모든 물에 있는 달은 하나의 달에서 나온 것처럼
제불(諸佛)의 법신(法身)이 나 자신의 진여본성과 같게 되면
나의 진여본성이 도리어 여래의 본성과 계합되네.

【해설】

※ 一月普現一切水(일월보현일체수) : 하나의 달이 하늘에 밝게 빛나고 있으면 모든 강물에 달이 나타나게 되는 것이라는 비유는 자신의 마니보주를 찾아 일체의 경계에 마니보주를 사용하면 모두가 청정하게 된다는 것을 말한다.

즉 자신의 자성(自性)이 공(空)이라는 사실을 자각하면 모든 대상 경계가 공(空)이 되는 것을 비유하여 설하고 있다.

이것을 더 쉽게 비유하여 설명하여 보면 자신이 부처가 되면 모두가 부처로 보이는 논리를 말하는 것이다.

그러므로 모두를 부처라고 알고 부처로 상대하며 살아가는 한도인이 되라고 다음과 같이 설하고 있다.

※ 一切水月一月攝(일체수월일월섭) : 모든 강물에 나타난 달은 실제로 하늘에 있는 달에서 나온 것이므로 대상경계를 청정하게 하는 모든 것은 자신의 마니보주에서 나온 것이 된다.

경계가 무엇이든 어디에 있든 상관없이 자신의 마니보주에 의하여 경계가 청정하고 청정하지 않게 된다는 것을 설명하고 있다.

여기에서 자비가 결여되었다고 할 수도 있지만 실천을 하지 않고는 무엇이든 조작만 있게 된다는 것도 알아야 한다.

경계지성(境界之性)을 실천하지 않으면 불공(不空)이나 공즉시색(空卽是色)도 소용없게 되는 것이므로 공(空)이나 색즉시공(色卽是空)만 주장하는 경우가 있는 것이다.

※ 諸佛法身入我性(제불법신입아성) : 제불(諸佛)의 법신(法身)이 자기 자신의 본성(本性)과 똑같다는 사실을 깨닫게 하려고 달과 물에 비유하여 설명한 것이다.

부처나 법신(法身)이라는 명칭을 사용하였지만 자신이 이 사실을 자각하고 영원히 사용하여 실천하게 된다면 부처나 법신(法身)은 지표(指標)이지 실상은 아닌 것이다.

※ 我性還共如來合(아성환공여래합) : 자신의 자성이 법신(法身)이 되어 삼신(三身)을 사용하는 여래로 살아가게 되는 도리를 말한다.

여래의 본성(本性)이 자신의 진여(眞如)자성(自性)과 계합하게 되면 여래로 살아가는 원동력이 생긴다.

37.　一地具足一切地, 非色非心非行業,
　　　彈指圓成八萬門, 刹那滅却阿鼻業.
　㘴 : (一地具足一切地, 非色非心非行業,
　　　　彈指圓成八萬門, 刹那滅却三祇劫.)

【번역】

　근본의 지혜인 일지(一地)를 구족하여 일체지(一切地)와 계합하면
면

　법신으로 공덕(功德)을 실천하여 색(色)이나 마음 그리고 행업(行業)을 초월하니
(行業)을 초월하니

　색심행업을 순식간에 초월하고 진여의 지혜로 생활하여 팔만법문을 원만하게 성취하여
문을 원만하게 성취하여

　찰나에 삼아승지겁의 죄업을 벗어나네.

【해설】

※ 一地具足一切地(일지구족일체지) : 자성(自性)이 여래의 본성(本性)과 계합하면 십지보살의 공덕(功德)을 구족하게 된다.

　일지(一地)가 일체지(一切地)를 구족(具足)하는 것이나 일지(一地)를 구족하면 일체지(一切地)가 되는 것은, 일지(一地)는 자성(自性)이 공(空)이라는 사실을 확신하는 경지가 되는 것을 말하는 것이므로 즉 일체지(一切地)가 된다.

　여래의 본성과 자성(自性)이 동일하다는 것을 자각하여 실천하면 십지보살의 불가사의한 공덕(功德)이 있는 것이다.

※ 非色非心非行業(비색비심비행업) : 법신(法身)으로 불법(佛法)에 맞게 공덕(功德)을 실천하려면 육진(六塵, 색성향미촉법)을 초월

해야 대상경계와 삼매가 되는 경계지성(境界之性)이 되는 것이고, 비심(非心)의 경지가 되어야 하는 것은 망념(妄念)이 없는 정념(正念)으로 생활하는 마음이 되어야 하는 것이며, 비행업(非行業)이 되어야 하는 것은 고정관념을 벗어난 만연구절(萬緣俱絶)자연해탈(自然解脫)이 되어 살아가는 것이므로 일체의 조작이 없는 생활을 하면 일체의 공덕(功德)을 구족하게 된다고 하는 것이다.

※ 彈指圓成八萬門(탄지원성팔만문) : 바로 자신의 자성(自性)을 공(空)으로 확신하고 진여의 지혜로 생활하게 되면 팔만법문을 원만하게 성취하게 된다.

바로 순식간에 팔만법문을 깨닫게 된다고 하는 것은 자신의 자성(自性)이 공(空)이라는 사실을 확신하여 무생(無生)의 도리(道理)를 깨달으면 팔만의 모든 번뇌가 모두 청정한 해탈의 팔만법문이 되는 것이다.

팔만법문(八萬法門)이란 모든 번뇌망념이 바로 보리(菩提)라는 사실을 자각하면 모두가 해탈하는 법문(法門)이 되는 것이고, 한도인(閑道人)으로 살아가게 되는 것이므로 법문(法門)이라고 하는 것이다.

※ 刹那滅却阿鼻業(찰나멸각아비업) : 무생(無生)의 도리를 체득하여 번뇌즉보리(煩惱卽菩提)라는 사실을 깨달으면 모든 것이 청정하게 되어 일체의 업장(業障)이 없게 되는 것을 삼아승지겁의 업장(業障)을 벗어난다고 하는 것이다.

모든 죄업은 자신이 만드는 것이므로 자성(自性)이 공(空)이 되면 모든 마음이 청정하게 되어 모든 죄업(罪業)은 사라지게 된다는 불법(佛法)의 가르침을 다시 강조하고 있다.

무명(無明)의 중생들이 깨닫지 못하면 삼아승지겁의 업장(業障)에서 벗어나지 못한다고 하지만, 불법(佛法)의 도리를 깨달으면 순식간에 육도(六道)에서 윤회(輪廻)하는 모든 죄업에서 해탈하여 성자(聖者)로 살아가게 된다.

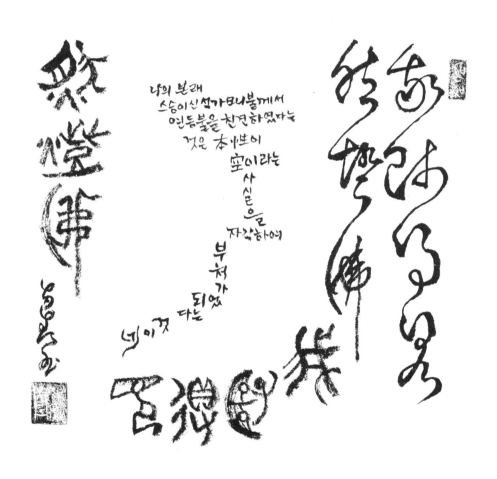

나의 본래 스승이신 석가모니불께서 연등불을 친견하였다는 것은 本性이 空이라는 사실을 자각하여 부처가 되었다는 뜻이것다는

〔我師得見然燈佛〕

38. 一切數句非數句, 與吾靈覺何交涉,

　　不可毀不可讚, 體若虛空勿涯岸.

【번역】

　일체의 언어문자나 법상(法相)인 보리·열반·진여·해탈 등을 설한 삼승12분교가 고정된 법문(法門)이 아니니

　방편으로 설하신 것이 자신이 신령하게 자각하는 것과는 어떤 관계가 있을 수 없으며

　자신이 자각하여 해탈하는 것은 어느 누구도 방해하고 칭찬할 수도 없고

　자성(自性)의 본체는 허공과 같이 주처(住處)가 없어 한량이 없네.

【해설】

※ 一切數句非數句(일체수구비수구) : 일체의 수구(數句)는 모든 가르침을 말하는 것이므로 모든 언어문자를 모두 포함하는 말과 보리·열반·진여·해탈 등을 설한 경전을 말한다.

　모든 수구(數句)가 수구(數句)가 아니라고 하는 것을 선(禪)과 교(敎)로 분리하여 설명하면 교(敎)는 부처님의 말씀이고 선(禪)은 부처님의 마음을 말하는 것이므로, 부처님의 말씀에 따라 장엄만 하여 남에게 보여주는 수행은 필요 없는 것이고, 부처의 마음으로 교(敎)를 실천하는 선교(禪敎)일치(一致)의 수행을 하여야 하는 것을 비(非)수구(數句)라고 하는 것이다.

　각자의 자성(自性)이 공(空)이라는 것을 설하는 것이지 누구나 똑같은 생활이나 생각을 하라고 하는 것도 아니기에 모두가 천상천하유아독존(天上天下唯我獨尊)의 삶을 살아가야 독자적인 해탈의

144

생활을 하는 한도인으로 살아가게 된다.

여기에서 남종의 가르침과 영가가 지금까지 수행하여 왔던 천태의 가르침이나 여러 교학적인 수행의 차이점을 나타내고 있는 부분이다.

남종에서는 견성성불을 교학적인 가르침이 아니고 자성을 돈오해야 하는 것이라고 강조하고 있는 것에 대하여 다음구절에서 자신이 돈오하지 않으면 아무리 좋은 방편이라도 아무 소용이 없다고 설하고 있다.

※ 與吾靈覺何交涉(여오영각하교섭) : 깨달음이 무엇이라고 아무리 설명을 잘하고 미사여구(美辭麗句)로 기록을 하여 알려준다고 하여도 자신의 자성(自性)을 공(空)으로 돈오하지 않고 대상의 지식으로 알고 있다고 한다면 자신이 어떻게 깨달을 수 있다고 하겠는가?

그래서 "방편으로 설하신 것이 자신이 신령하게 자각하는 것과는 어떤 관계가 있을 수 없으며" 라고 번역한 것이다.

자신이 지식으로 알고 남에게 가르친다면 결국은 자신도 고통을 받게 되는 것이고 타인도 고통에 떨어지게 하는 것이 되므로 중생을 더 중생이 되게 하는 가르침이다.

그러므로 중생을 부처로 인도하는 경전의 모든 가르침을 가지고 다시 중생으로 인도하는 가르침이 되게 한다면 부처의 마음이 아니고 교학(敎學)만 중요시하는 편견에 떨어진 것이 된다.

자신이 자성(自性)을 돈오하면 일체의 수구(數句)가 고정된 수구(數句)가 아니라는 사실을 알게 되어 선(禪)을 실천하게 되는 것이다.

※ 不可毁不可讚(불가훼불가찬) : 자신이 자성(自性)을 공(空)이라고 돈오하여 해탈하는 것은 누가 방해하거나 칭찬을 할 수도 없는 것이므로 교학의 가르침과 자신의 깨달음과는 아무런 상관이 없다고 한 것이다.

돈오(頓悟)하는 것을 불립문자(不立文字)나 언어도단(言語道斷)이라고 하는 것이기에 불법(佛法)을 돈오하면 훼손할 수도 찬탄할 수도 없는 경지가 되어 부동(不動)의 경지에서 한도인(閑道人)으로 살아갈 수가 있다.

즉 깨달음의 경지를 언어문자로 훼방하거나 칭찬할 수도 없는 경지라고 하는 것은 언어문자로 아는 모든 것들을 공(空)으로 청정하게 받아들이기 때문이다.

※ 體若虛空勿涯岸(체약허공물애안) : 부동(不動)의 경지에서 한도인(閑道人)으로 살아가는 자성(自性)의 본체가 허공(虛空)과 같게 되므로 어디에나 장애가 없는 것이다.

모든 법(法)이 공(空)이므로 몰종적(沒蹤跡)이 되어야 하는 것이기에 비(非)수구(數句)라고 하는 것이고, 또 석가모니께서 49년간의 설법을 하였지만 한 글자도 설하지 않았다고 하는 것도 고정된 설법이 아니고 방편의 설법이기 때문이다.

자성(自性)이 공(空)이라는 사실을 관조하여 확신하게 되면 일체의 고액(苦厄)을 벗어나게 되는 것이므로 어디에나 장애가 없게 된다.

146

39. 不離當處常湛然, 覓則知君不可見,
        取不得捨不得, 不可得中只麼得.
㉯ : (不離當處常湛然, 覓即知君不可見,
        取不得捨不得, 不可得中只麼得.)

【번역】
　　진여의 지혜로 당처(當處)에서 항상 담연(湛然)하게 생활하면
　　외부에서 마음을 찾아 깨달으려고 하는 자신들이 바로 진여의
지혜로 사는 것이라는 것을 알고 대상으로 한도인(閑道人)을 친견하
지 않고
*(소를 타고 소를 찾는 것이네.)
　　진여의 지혜는 취할 수도 버릴 수도 없는 것이니
　　얻을 수 없다고 하는 그 마음을 단지 자신이 지혜로 체득하여야
하네.

【해설】
※ 不離當處常湛然(불리당처상담연) : 항상 자성(自性)이 공(空)이
라는 사실을 자각하여 계정혜(戒定慧) 삼학(三學)에 맞게 항상 진여
의 지혜로 살아가는 것을 항상 담연(湛然)하게 살아간다고 한다.
　　항상 당처(當處)를 벗어나지 않는다고 하는 것은 항상 진여의
지혜로 살아가는 자신이 한도인(閑道人)이 되어야 하기 때문이다.

※ 覓則知君不可見(멱즉지군불가견) : 여기에서 군(君)을 무의도인
(無依道人)이나 한도인(閑道人) 또는 제불(諸佛)·여래(如來)·진여
의 지혜를 실천하는 사람이라고 하는데 이것을 밖에서 찾아서 깨달
아 알았다고 하면 한도인(閑道人)을 대상으로 친견하게 된다고
설명하고 있다.

자성(自性)은 안에서 찾는 것이지 밖에서 찾는 것이 아니기 때문
에 밖에서 찾는다면 소를 타고 소를 찾는 것이어서 한도인(閑道人)
을 영원히 친견하지 못하게 된다고 하는 것이다.

그러므로 밖으로 마음을 찾아 깨달으려고 하는 자신들이 바로
진여의 지혜로 사는 것이라는 것을 깨달아 알면 자신이 직접 한도인
(閑道人)을 친견하게 되는 것이다.

※ 取不得捨不得(취부득사부득) : 취하려고 하면 얻을 수 없게 되는
것이고 버리려고 해도 버릴 수 없게 되는 것을 자신이 체득해야
소를 타고 소를 찾고 있다는 사실을 자각하게 된다.

그러므로 버리고 취하려는 그 마음의 본성(本性)이 공(空)이라는
사실을 돈오하고 체득하여야 불공(不空)을 실천하는 것이다.

※ 不可得中只麽得(불가득중지마득) : 버리고 얻을 수 없다고 하는
그 마음의 자성(自性)이 공(空)이라는 것을 정확하게 체득하여야
한다.

그리고 진여의 지혜로 불법(佛法)에 맞게 살아갈 수 있게 되어야
자신의 마니보주를 찾아서 마니보주를 활용하게 된다.

사. 불법(佛法)의 종지를 계승

40. 默時說說時默, 大施門開無壅塞,
    有人問我解何宗, 報道摩訶般若力.

【번역】

침묵으로는 몰종적의 지혜를 체득하게 설하며 설법할 때는 진여의 지혜를 체득하게 침묵으로 설하고
위대한 자비를 베푸는 법문(法門)을 걸림 없이 펼치니
수행자들이 나에게 무슨 종지(宗旨)를 깨달은 것이냐고 물어오면
위대한 반야의 지혜를 체득한 것이라고 대답하네.

【해설】

※ 默時說10)說時默(묵시설설시묵) : 한도인(閑道人)의 생활을 나타내는 것으로 침묵할 때에는 언어문자로 법을 설하지 않지만 이심전심(以心傳心)으로 몰종적의 지혜를 체득하게 설한다.

언어문자로 법을 설하여도 침묵(沈默)하여 한 글자도 설한 적이 없다고 하는 것은 자신이 설했다고 하는 집착이 없는 진여의 지혜를 나타낸다.

즉 문수의 질문에 유마거사가 비야리성에서 침묵으로 설법한 것과 세존이 많은 설법을 하였지만 한 글자도 설하지 않았다고 하는 것을 설명하는 것이다.

무슨 말이나 행동으로 하여 깨닫게 하고자하는 자비심을 설명하

---

10) 『為霖禪師旅泊菴稿』卷4(『卍續藏』72, 718쪽. 중19.) : 「毗耶示疾老維摩,
不二門開見也麼, 一默如雷千古震, 鐵船已駕出煙波.」

는 것이지만 조작심이 전혀 없는 한도인의 생활을 설명하고 있다.

※ 大施門開無壅塞(대시문개무옹색) : 한도인(閑道人)의 자유스러운 생활이 위대한 자비를 베푸는 것이기에 항상 법문(法門)을 설한다고 한다.

　즉 침묵이나 설법이라는 차이가 없다는 것을 알아 차려야 하는 것을 이심전심(以心傳心)이나 염화미소(拈花微笑)라고 말한다.

　그러므로 사족(蛇足)을 붙인다면, 만약에 여래(如來)께서 무슨 설법이나 침묵을 평생 동안 하여도 한 사람도 알아듣지 못하였다고 하여 여래(如來)께서 목적의식을 가지고 설법을 한 것이라고 한다면 여래(如來)를 비방하는 것이 되고, 또 침묵하여 여래께서 한 말씀도 하시지 않았다고 한다면 여래(如來)를 모르는 어리석은 수행자가 되는 것이지만, 이것으로 인하여 언하(言下)에 알아듣고 물소리에 깨닫게 되었다고 하면 세존께서 꽃을 들은 마음을 알고 미소를 지은 염화미소(拈花微笑)의 의미를 체득하였다고 할 수 있다.

　남종선의 핵심을 설하는 부분으로 진여의 지혜로 사는 한도인(閑道人)은 항상 어디에서나 법문(法門)을 걸림 없이 하는 것이며 언제 어디에서나 누구든지 자유자재로 해탈할 수 있다는 것을 설하고 있다.

※ 有人問我解何宗(유인문아해하종) : 수행자들이 무슨 종지(宗旨)를 깨달은 것이냐고 묻는다면 반야의 지혜를 체득한 것이라고 대답하고 있다.

　이제까지 설한 것이 누구의 종지(宗旨)냐고 묻는 것은 어리석은 질문이 되는 것으로 자신이 수행하지 않고 누구에 의하여 타력으로 성취하고자 하는 마음이 있다면 부처를 비방하는 것이고 외도(外道)

가 되는 것이다.

※ 報道摩訶般若力(보도마하반야력) : 누구의 종지(宗旨)라고 하면
대상을 만들어 내는 것이기에 벌써 어긋나게 되므로 위대한 반야의
힘을 체득한 것이고 진여의 지혜로 살아갈 수 있는 능력을 구족한
것이라고 하고 있다.
　진여의 지혜로 살아가는 것이기에 누구의 종지(宗旨)를 깨달았다
고 하는 계보를 중요시하지 않는다고 하는 것이다.

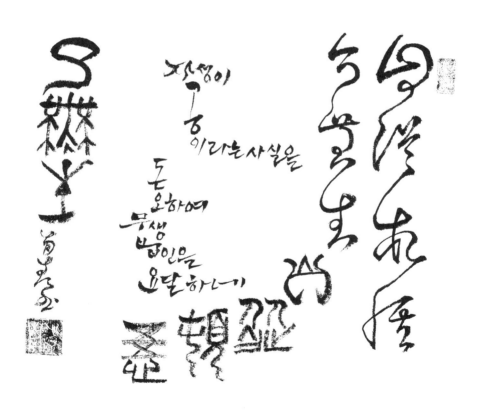

〔自從頓悟了無生〕

41. 或是或非人不識, 逆行順行天莫測,
　　吾早曾經多劫修, 不是等閑相誑惑.
㉯ : (或是或非人不識, 逆行順行天莫測,
　　　吾早曾經多劫修, 不是等閒相誑惑.)

【번역】

　때에 따라 어느 것은 옳다고 하고 어느 것은 그르다고 하여도 사람들이 알아듣지 못하고

　역행(逆行)하고 순행(順行)을 하여도 천인(天人)의 알음알이로는 알지 못하여

　나도 지금까지 이것 때문에 많은 세월동안 수행해야 한다고 알고 수행하였는데

　이것을 쉽게 알고 등한히 하였는데 이것이 진실로 서로를 속이는 미혹한 수행자가 되지 않게 하는 것이네.

【해설】

※ 或是或非人不識(혹시혹비인불식) : 한도인(閑道人)이 설하는 것을 범부의 입장에서 보면 어떤 때에는 옳고 어떤 때에는 그르지만, 모든 것이 범부를 제도(濟度)하기 위한 방편설법이라는 것을 알지 못하기 때문이다.

　그러므로 이심전심(以心傳心)의 경지가 되지 않은 상태에서 문답을 하면 알음알이로 알아듣게 된다고 하는 것이다.

　석가모니부처님이 다시 살아와서 설법을 해도 알아듣지 못하는 것이 되기 때문에 먼저 자신의 자성(自性)이 공(空)이라는 사실을 자각하고 나서 종지(宗旨)를 물어야 된다.

　그래서 반야의 지혜라고 대답을 하고 다시 전등의 계보를 설하고

대표자뿐만 아니라 수많은 부처가 출현하게 되었다고 설하는 것이 므로 누구의 종지(宗旨)를 계승했다고 하면 오해(誤解)를 할 수 있을 것을 우려한 것이다.

　사람들이 알아듣지 못하여 신비하고 난해한 대답이라고 하는 것은 자신의 고정된 관념으로만 이해하려고 하는 것이기 때문이라 는 것을 지적하고 있다.

※ 逆行順行天莫測(역행순행천막측) : 역행(逆行)하고 순행(順行) 하는 것을 천인(天人)들도 알지 못한다고 하는 것은 고정관념과 대상으로 알고 알음알이로 측량하려고하기 때문에 알지 못한다고 하고 있다.

　인천(人天)의 수행자들이 번뇌(煩惱)가 보리(菩提)라는 것을 깨 닫게 되면 모두가 해탈(解脫)하게 되는 것이고, 자신이 경계와 만법 일여(萬法一如)가 되는 경계지성(境界之性)의 경지가 되어야 해탈 하게 된다.

　그러므로 역행(逆行)하고 순행(順行)하는 것을 알음알이로 알려 고 하지 말라고 하는 것이다.

※ 吾早曾經多劫修(오조증경다겁수) : 영가(永嘉) 자신이 지금까지 많은 고행(苦行) 끝에 지금의 경지에 도달하게 되었다는 것을 강조 하고 있다.

　지금까지 설한 내용을 이해하는데 많은 어려움이 있는 것은 자신 이 대상으로 수행하지 않고 자신이 직접 수행하여 자성(自性)이 공(空)이라는 사실을 돈오하는 것이 어렵다는 것을 다겁(多劫)이라 고 표현하고 있다.

　개경게(開經偈)에도 "무상심심미묘법(無上甚深微妙法)"이기에 "백천만겁난조우(百千萬劫難遭遇)"라고 하고 있는 것도 이것과 같은 내용이다.

이것을 현대에도 다겁(多劫)을 실제로 고행(苦行)을 하고 복을 지어야 한다고 알고 있으면서 자신이 수행을 하지 않으려고 한다면 부처님의 은혜를 배반하는 것이 된다.

그래서 "나도 지금까지 이것 때문에 많은 세월동안 수행해야 한다고 알고는"이라고 번역한 것이다.

사회적으로 많은 문제점이 생길 우려가 있기 때문에 신앙심에 빠지게 하여 많은 중생들을 현혹시켰었는지 모르겠지만 이제는 문맹이 아닌 문명의 시대인 만큼 많은 이들이 깨달아 알고 모두가 행복한 삶을 살아야 한다.

※ 不是等閑相誆惑(불시등한상광혹) : 개경게(開經偈)에 "아금문견득수지(我今聞見得受持)"라고 하고 있듯이 이것을 쉽게 알고 등한시 하면 결국에는 서로를 속이게 된다고 하고 있다.

"아금문견득수지(我今聞見得受持)"에서 나타내고 있듯이 지금까지 영가 자신이 설한 불법(佛法)을 수지하게 되면 바르게 깨닫게 된다고 하는 것이다.

대상경계를 진실로 받아들여서 경계지성(境界之性)이 되어 자기의 것으로 수지(授持)하고 체득하여 진여의 지혜로 올바르게 생활하는 한도인(閑道人)이 되어야 서로를 기만하지 않는 수행자로서 살게 된다고 하고 있다.

어록이나 경을 잘 알지 못하면 미혹하여 인혹(人惑)이나 경혹(境惑)에 빠져 살게 되는 것이지만 불법(佛法)의 대의를 체득하고 나면 모든 어록이나 경이 자기 자신을 미혹한 수행자로 살아가지 말라고 하는 것이라고 설하고 있다.

즉 자성(自性)이 공(空)이라는 사실을 돈오(頓悟)하면 모든 설법이 방편이었다는 사실을 자각하게 되어 한도인(閑道人)이 진여의 지혜로 자유자재로 살아가게 된다.

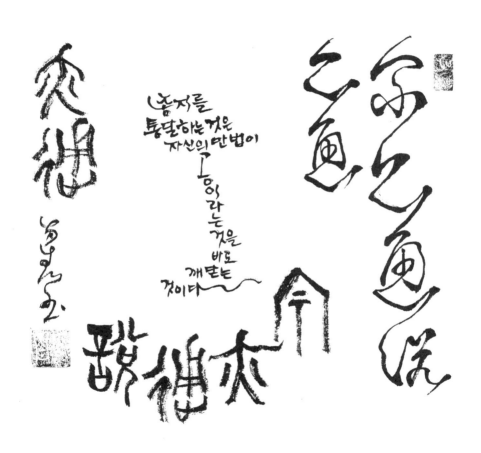

한 글자를 통달하는 것은 자신의 만법이 공이라는 것을 바로 깨닫는 것이다

〔宗亦通說亦通〕

42. 建法幢立宗旨, 明明佛勅曹谿是,
　　第一迦葉首傳燈, 二十八代西天記.

【번역】

법당(法堂)을 건립하고 종지(宗旨)를 확실하게 펼치는 것은

명명백백하게 세존의 불법(佛法)을 혜능께서 계승하였다는 것이
니

첫 번째로 석가모니께서 가섭존자에게 불법(佛法)을 전한 것이며

이것이 28대 달마조사까지 서천에서 전등(傳燈)한 기록이네.

【해설】

※ 建法幢立宗旨(건법당립종지) : 법당(法堂)을 건립하여 개당(開
堂)설법(說法)하는 것은, 자신이 한도인(閑道人)이라는 사실을 널
리 알려 정법(正法)을 펼치려는 것과 자비로 보살도를 실천하는
것이며, 또 조계의 종지(宗旨)를 정확하게 계승하여 전하고 있다는
사실을 나타내고 있다.

※ 明明佛勅曹谿是(명명불칙조계시) : 조계의 혜능께서 부처의 정
법안장을 명백하게 계승하였다는 것을 홍포하기 위하여 지금과
같은 설법을 하고 있다.

　지금 자신이 설하고 있는 것이 석가모니불의 불법(佛法)이고
정법이라는 사실을 강조하고 있는 것이고, 이것은 조계혜능이 계승
하고 또 자신이 남종돈교를 계승하였다는 것을 강조하고 있는 부분
이다.

　이와 같이 강조하고 있는 것은 시대적인 여건을 극복하고자 하는
것으로 조계혜능이 적자(嫡子)이고 남종돈교가 석가여래의 정법이

156

라고 설하고 있다.

※ 第一迦葉首傳燈(제일가섭수전등) : 전등(傳燈)을 설한 돈황본 『육조단경』을 계승한 내용으로 제일(第一)조사(祖師)를 가섭존자로 시작해서 28조 달마에게 전등(傳燈)한 사실이 정확하다고 설하고 있다.

　　남방에서 전래된 불교(佛敎)의 정통성을 강조하는 것은 자신들이 설하는 것이 석가모니부처의 법을 설하는 것이라고 하여 자신들의 불법(佛法)이 정통(正統)이라고 역설하고 있다.

※ 二十八代西天記(이십팔대서천기) : 28대 달마조사가 계승한 법이 석가여래의 불법(佛法)이므로 조계혜능의 법이 석가여래의 불법(佛法)을 계승한 것이고, 28대 달마조사와 동토 6대 혜능조사의 기록은 돈황본 『육조단경』에 있다.

　　이것은 자신의 불법(佛法)이 석가여래의 불법(佛法)과 동등한 것이라는 정통성을 강조하기 위한 것이며, 또 선종(禪宗)이 전래된 것을 달마대사가 최초로 전했다는 것을 확신시키기 위한 것이다.

　　그리고 이전의 불법(佛法)은 교법(敎法)이고 선법(禪法)이 아니며 자신들이 부처의 선법(禪法)을 온전하게 전승했다고 하고 있다.

43. 法東流*入此土, 菩提達磨為初祖, 六代傳衣天下聞,
　　後人得道何*窮數.　　　　*(法東流＝歷江海, 何＝無)

【번역】
불법(佛法)이 동토(東土)로 유입(流入)되어 이곳까지 계승되어
보리달마를 초조(初祖)로 하니
육조혜능까지 의발을 전한 이것이 천하의 사람들에게 알려져
이후의 수많은 수행자들이 도(道)를 체득하게 되었네.

【해설】
※ 法東流入此土(법동류입차토) : 28대의 달마조사를 초조(初祖)로
불법(佛法)이 중국에 유입되어 계승되었다는 것을 강조하고 있다.
　그리고 석가모니의 불법(佛法)을 정확하게 계승하였다는 정통성
을 확신시키기 위한 것으로 달마를 초조로 하고 혜능을 육조로
한 것도 선종(禪宗)을 전등하였다는 기록에 의한 예언이 사실이라는
것을 주장하는 것이다.

※ 菩提達磨為初祖(보리달마위초조) : 달마조사를 초조(初祖)로
하였으므로 선법(禪法)이 석가여래의 정법(正法)이 확실하다고 몇
번이나 강조하고 있는 것은, 대승불교의 선법(禪法)이 최고이며,
또 정법안장이 처음으로 중국에 들어 왔다는 사실을 말하는 것이다.

※ 六代傳衣天下聞(육대전의천하문) : 육조혜능까지 석가여래의 의발이 전해졌다는 전의설(傳衣說)을 주장하는 것으로 부처의 의발(衣鉢)을 전해 받아 육조(六祖)가 되었다는 것을 강조하는 것은, 교학적인 수행을 비판하는 것이 되고, 의발(衣鉢)을 더 전하지 않는다고 하는 것은 많은 사람들이 조사(祖師)가 되는 것이므로 의발을 한사람에게 전하는 것을 중지하게 되었다고 하는 것이 된다.

여러 사람에게 전할 수 있는 불법(佛法)을 증표로 해야 하기 때문에 사자(師資)간에 인가증명을 해야 했던 것이다.

육조(六祖)부터 불법(佛法)을 계승하는 것이 의발이 아니고 불법(佛法)이 되기 때문에 수많은 사람들이 석가여래의 불법(佛法)을 계승하게 되었다는 것을 강조하고 있다.

※ 後人得道何窮數(후인득도하궁수) : 불법(佛法)을 계승하여 득도(得道)한 수행자들이 무궁무진하게 많게 되었다는 것을 말하고 있다.

이제까지는 교학적인 수행법에 의하여 소수의 수행자들에게만 불법(佛法)이 전해졌다고 하는 것이 되고, 지금부터는 아주 많은 수행자들에게 선종(禪宗)이 전해지게 되었다고 하는 것은 남종돈교가 최고라고 강조하는 것이고 자신들이 정통이라는 것을 말한다.

그리고 점교수행의 한계점에서 새로운 선불교로 전환하여 수많은 조사들이 출현하게 된 것이므로 세존의 불법(佛法)을 올바르게 계승(繼承)한 것이라고 하는 것이다.

44. 真不立妄本空, 有無俱遣不空空,
　　二十空門元不著, 一性如來體共同.
　㉯ : (真不立妄本空, 有無俱遣不空空,
　　　二十空門元不著, 一性如來體自同.)

【번역】
　수행(修行)하며 진여의 지혜로 살아가는 것은 무명(無明)의 망념
으로 사는 것이 아닌 근본적으로 공(空)을 실천하는 것이며
　유무(有無)를 모두 초월하면 불공(不空)도 역시 공(空)을 실천하
는 것이고
　20가지 공문(空門)은 원래부터 집착하지 않게 하는 것이니
　진여의 지혜로 살아가면 여래의 본체와 저절로 동등하게 되네.

【해설】
※ 真不立妄本空(진불립망본공) : 진실과 허망을 건립하지 않고
자각하여 공(空)이라는 사실을 깨달으면 자성(自性)이 본래부터
공(空)하게 된다.
　그러므로 수행자들이 진여의 지혜로 수행하는 법은 무명(無明)의
망념(妄念)이 생긴 근본을 공(空)이라고 자각하여 차별분별하지
않아야 하고, 또 상대적인 차별 분별하는 마음을 가지고 진실이라고
고집하지 않으면 망념도 본래부터 공(空)한 것이므로 진망(眞妄)이
나 유무(有無)를 초월하여 중생심으로 주장하지 않으면 모두가
공(空)하게 된다는 것을 강조하고 있다.

※ 有無俱遣不空空(유무구견불공공) : 유무(有無)를 모두 버리고 자성이 공(空)하다는 것을 돈오(頓悟)하여 공(空)을 실천하는 것이 불공(不空)이고 불공(不空)이라는 마음도 없이 공(空)을 실천하는 것을 진여의 지혜로 살아간다고 한다.

진여의 지혜를 주장하기 위하여 유무(有無)라는 법을 모두 제거하여 고정된 불법(佛法)이 없다는 것을 설하는 것으로 불공(不空)이라는 것도 공(空)하다고 하는 몰종적의 실천을 주장하는 것이다.

※ 二十空門11)元不著(이십공문원불착) : 20가지 공문(空門)이라고 하여 이름이 다른 공(空)을 말하고 있지만 본체는 일법(一法)이고 그 법성(法性)의 이치에 따라 20가지 공문(空門)을 설하고 있다.

처음부터 공(空)이란 집착도 하지 않아야 불공(不空)에 집착도 하지 않게 되어 한도인으로 살아갈 수 있는 것이다.

※ 一性如來體共同(일성여래체공동) : 자성(自性)을 공(空)으로 하는 것이 진여의 지혜라고 하는 것이고 이것이 여래의 본체이다.

그러므로 진여의 지혜로 살아가는 것을 여래라고 하는 것이 되고 여래의 본체는 진여의 지혜가 되는 것이므로 자성(自性)이 여래의 본체와 동등하게 된다.

---

11) 『證道歌註』(『卍續藏』63, 274쪽. 하22.) : 「二十空門者, 如來破二十種執有之見, 因成二十空名. 故大般若經云. 所謂內空．外空．內外空．空空．大空．勝義空．有為空．無為空．畢竟空．無際空．散空．無變異空．本性空．自相空．共相空．一切法空．不可得空．無性空．自性空．無性自性空. 雖有二十空名, 其體即一法也. 今明法性之理, 不同二十之空. 故云元不著也.」

45. 心是根法是塵, 兩種猶如鏡上痕,
　　痕垢盡除光始現, 心法雙亡性卽眞.

【번역】

마음은 근본이 되고 법(佛法)이 대상경계가 되면

마음과 법이 둘이 되어 거울위의 때와 같고

때와 흔적을 모두 제거하면 지혜광명이 비로소 나타나니

마음과 법이 모두 없어지면 자성(自性, 본성, 불성)이 진실하네.

【해설】

※ 心是根法是塵(심시근법시진) : 마음을 육근(六根)에 의하여 생기는 주관적인 것이라고 하면 만법(萬法)은 육진(六塵)에 의하여 객관적인 마음이라고 구분할 수 있다.

　만약에 주관적인 마음이 불심(佛心)이 되면 객관적인 만법(萬法)도 청정하게 되지만, 주관적인 마음이 악하게 되면 객관적인 만법(萬法)도 악하게 된다는 것을 말하고 있다.

　그러므로 이와 같은 것은 대상경계의 만법(萬法)이 허물이 있는 것이 아니고 자신의 마음에 허물이 있는 것이므로 자신의 만법(萬法)도 허물이 있는 것이 된다.

　마음과 법을 육근(六根)과 육진(六塵)에 비유하여 설하고 있지만 남종돈교의 입장을 대변하고 있다고 볼 수 있는 부분이기도 하다.

　혜능의 게송에 보면 "心是菩提樹, 身爲明鏡臺, 明鏡本淸淨, 何處染塵埃.(불심(佛心)이 바로 깨달음의 근본이고, 법신(法身)은 명경대의 밝은 거울과 같은 것이네. 맑은 거울과 같은 불심(佛心)은 본래 청정한 것이니, 어느 곳을 번뇌 망념의 때로 물들일 수 있겠는가?)"라고 하고 있듯이 불심(佛心)은 원래 청정하므로 번뇌 망념에 오염될 수 없다고 하고 있다.

    그러므로 남종의 입장을 대변하고 있다고 말한 것이고 육근(六根)을 거울에 비유하여 마음이 청정하면 육진(六塵)도 청정하여진다는 것을 강조하고 있는 것이라고 볼 수 있는 부분이다.

※ 兩種猶如鏡上痕(양종유여경상흔) : 마음과 만법(萬法)이 본래 청정한데 탐진치(貪瞋癡)에 오염되어 서로가 둘이 되면 거울위의 먼지와 같게 되지만 마음이 청정하게 되면 육진(六塵)이 청정하게 된다.

※ 痕垢盡除光始現(흔구진제광시현) : 거울에 때가 없으면 모든 사물이 잘 보이는 것처럼 마음에 때가 없으면 모든 대상경계가 청정하게 되는 것이다.

    때를 망념(妄念)이라고 하면 흔적은 과거의 기억이나 추억을 말하는 것이므로 이것을 모두 공(空)으로 전환하면 모두가 없어지게 되어 오온(五蘊)이 모두 공(空)이 되니 마니보주를 사용하기만 하면 된다.

    그러므로 공(空)이 오온(五蘊)이 되는 것을 공즉시색(空卽是色)이라는 『반야심경』의 내용을 강조하고 있다.

    때와 흔적이 모두 없어지면 청정하게 마니보주가 나타나게 되는 것이고, 이 마니보주를 사용하는 것을 진여의 지혜로 살아간다고 한다.

※ 心法雙亡性卽眞(심법쌍망성즉진) : 위의 내용을 다시 설하는 것인데 망심(妄心)과 망심(妄心)으로 인한 자신의 만법(萬法, 六識)이 모두 없어져 청정하게 되면 자신의 본성이 청정한 공(空)이

되는 것이므로 망심(妄心)이 불심(佛心)이 되고 의식의 대상경계인 만법(萬法, 六塵)도 청정하게 된다.

　자신의 자성(自性)이 청정하게 되면 육진(六塵)이 청정하여 항상 진실한 생활을 하게 된다.

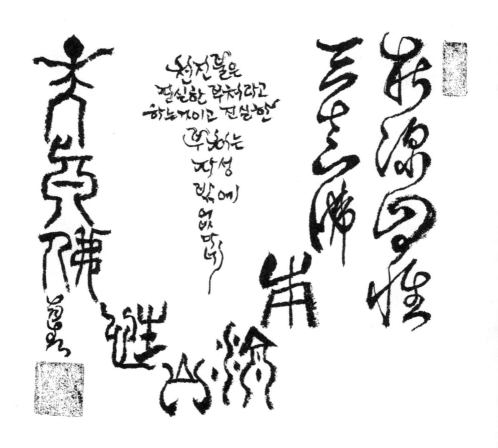

〔本源自性天真佛〕

46. 嗟末法惡時世, 衆生福薄難調制, 去聖遠兮邪見深,
　　魔強法弱多怨害, 聞說如來頓教門, 恨不滅除令瓦碎.
㉯ : (嗟末法惡時世, 衆生福薄難調制, 去聖遠兮邪見深,
　　　魔強法弱多恐害, 聞說如來頓教門, 恨不滅除令瓦碎.)

【번역】
말법(末法)의 시절이라고 탄식하고 시세(時世)가 악세(惡世)라
고 하는 것은
　중생들이 박복하여 자신을 제어하고 조복받기 어렵기 때문이니
　성자들이 가신지 오래되고 사도(邪道)들의 견해가 깊어져서
　마장(魔障)은 많아지고 불법(佛法)은 미약하게 되어 원망하며
해치는 일이 많고
　여래께서 설하시는 돈교법문을 듣고도
　마왕은 사견으로 돈교법문을 제거하여 없애지 못하는 것을 한탄
하네.

【해설】
※ 嗟末法惡時世(차말법악시세) : 말법(末法)의 시절이라고 탄식한
다는 것은 불법(佛法)을 대상으로 알고만 있지 자신의 마니보주를
사용하려고 하지 않는 것이므로 오탁악세라고 하는 것이다.
　오탁악세라고 하는 것도 결국은 지혜가 없고 지식만 있는 것을
말하는 것으로 의식주가 풍부해지면 나태하여 수행하지 않고 쾌락
만 즐기려고 하고 가난하면 의식주를 해결하는데 인생을 소모하게
되므로 수행을 하지 못한다.
　과거의 그 시절에도 이와 같은 일이 있었다는 것을 말하는 것은
수행이 얼마나 어려운 것인가를 말하고 있는 것이고 혼신을 다하여

중생을 구제하고자 하는 간절한 마음을 이렇게 표현하고 있는 것이다.

말법(末法)과 말세(末世)에 대하여는 여러 가지로 주장하는 경우가 있는데 불멸(佛滅)후 시간적인 개념으로 주장하는 것은 많은 문제가 있으므로 여기에서 시간적인 개념을 벗어난 법(法)으로 설명했다.

즉 말법(末法)은 자신의 마음이 탐진치(貪瞋癡)에 물들어서 지혜가 없는 것을 말하는 것이고, 말세(末世)는 시대적인 주류가 부귀영화(富貴榮華)에만 물들어서 자신들이 만족하지 못하는 것을 말하는 것이므로 불법(佛法)이나 정법(正法)이 사라지고 슬기로는 지식이 지배하는 기계적인 사회와 사람들만 사는 곳을 말한다고 할 수 있다.

양심(良心)과 정의(正意)보다는 물질과 권력을 중요시하고 약자보다는 강자를 중요시하는 불평등의 사회에서 살아남기 위하여 서로가 몸부림치게 되는 것이다.

※ 眾生福薄難調制(중생복박난조제) : 말세(末世)와 말법(末法)이라고 하는 것은 자신의 마음(佛心, 本心)보다 탐진치의 욕망이 더 간절한 것이고 육신의 쾌락이 더 중요한 것이기에 중생이 박복(薄福)하여 자신을 제어(制御)하고 조복(調伏)하기 싫어 한다는 것을 말한다.

즉 자신들의 교단(敎團)이나 단체만 중요시하며 신앙을 돈독히 하고자하여 각자를 부품으로 생각하니 자신들이 수행을 하는 것보다 신앙심이 중요하므로 자신을 조복하기 어려운 것이다.

중생들이 원래부터 박복한 것이 아니라는 것을 역으로 강조하여 제도하고자 하는 것이므로 중생과 성자가 처음부터 다르게 태어났

166

다고 주장하는 것이 아니다.

그러므로 자신의 자성(自性)을 관조하여 공(空)이라고 자각하여 계정혜로 살아가기를 바라는데 탐진치에 물들어서 벗어나기를 싫어하면 중생이 되는 것이고 계정혜로 살아가면 성자가 되는 것이다.

※ 去聖遠兮邪見深(거성원혜사견심) : 성자(聖者)들이 가신지 오래되어 사견(邪見)이 깊어졌다는 것은 탐진치(貪瞋痴)의 욕망으로 살아가는 것이 삼학(三學, 戒定慧)으로 살아가는 것보다 더 좋다는 사견(邪見)을 정견(正見)이라고 알고 살아가는 것을 말한다.

그러므로 정견(正見)과 사견(邪見)을 판단하지 못하게 하고 있는 외도(外道)의 신앙 때문에 이와 같이 되어 사람이 죽고 다시 태어난다는 윤회사상이 자신들을 지배하게 되니 자살을 하고 아니면 평생 동안 하인(下人)으로 주인을 섬기며 살다가 다음 생을 기다리면서 인생을 마치게 되는 경우가 생기는 것이다.

※ 魔強法弱多怨害(마강법약다원해) : 마장(魔障)이 강하게 되고 불법(佛法)이 약해지기 때문에 원한이 많아지게 되어 남을 해치게 된다.

즉 외도(外道)들은 자신들의 신앙을 위해서는 목숨도 버리는 단체가 되어서 죽는 것도 자신들의 숙명이라고 하며 자랑스러워하는 것이니 참으로 안타까운 일이다.

전쟁(戰爭)을 미화(美化)하는 이들은 사람 죽이는 것을 너무 쉽게 하여 서로의 원한을 계속해서 반복하게 하는 것도 불법(佛法)이 약해서 이와 같은 결과가 생기게 된다고 설하고 있다.

※ 聞說如來頓教門(문설여래돈교문) : 마장(魔障)이 강하고 불법(佛法)이 약하게 되는 말법(末法)의 오탁악세(五濁惡世)에서 서로 원한을 가지고 서로 간에 해치는 일이 반복되지만 여래께서 설하신 돈교의 법문을 들으면 번뇌즉보리(煩惱卽菩提)가 되고 생사즉열반(生死卽涅槃)이 되어 누구나 돈오(頓悟)견성(見性)하여 한도인(閑道人)으로 살아갈 수 있다고 설하고 있다.

　이것은 당시에 남종선을 말하는 것이었겠지만 현대에도 적용되는 것으로 타력신앙을 버리고 자력의 종교로 전환하여 자신이 돈오(頓悟)견성(見性)하여서 진여의 지혜로 살아가게 하는 능력을 구족하여야 하는 것이다.

※ 恨不滅除令瓦碎(한불멸제령와쇄) : 타력신앙을 믿는 무리들은 돈교법문을 들으면 자신들의 단체를 유지하지 못하게 되므로 권력이나 모함으로 돈교법문을 기왓장을 깨듯이 없애지 못하는 것을 한탄한다는 것이다.

　여기에서는 지관이나 점교를 말하고 있겠지만 현대에서는 깨달음이나 신앙과 지식을 말하는 것으로 알면 된다.

　그래서 지혜와 지식도 구분하지 못하게 하여도 돈교법문이 아직까지 사라지지 않고 있다는 것을 외도(外道)들은 한탄한다는 것을 설하고 있다.

47. 作在心殃在身, 不須怨訴更尤人,
　　欲得不招無間業, 莫謗如來正法輪.
㉯ : (作在心殃在身, 不須冤訴更尤人,
　　欲得不招無間業, 莫謗如來正法輪.)

【번역】
　자신의 마음으로 조작하여 업을 짓고 재앙을 자신이 받는 것이니
　반드시 사람들이 나와 맞지 않다고 하여 원망하고 원통(訴)해
하지 말아야 하며
　무간지옥의 죄업을 초래하지 않고자 하면
　여래께서 설하신 정법(正法)을 비방하지 말아야 하네.

【해설】
※ 作在心殃在身(작재심앙재신) : 외도(外道)들이나 마장(魔障)도
모두가 각자 자신의 마음으로 업장을 짓는 것이기 때문에 삼악도(三
惡道)의 고통도 자신이 받는 것은 당연하다고 설하고 있다.
　안으로는 자신이 마음으로 받는 것이고 외부로는 형벌을 받거나
싸움을 해야 하는 것이기에 타인을 원망하지 말고 자신을 탓해야
한다고 하는 것이다.
　개인의 경우는 이와 같지만 국가의 경우는 많은 국민들을 희생시
키는 독재자를 따르는 신앙 때문에 선량한 사람들도 사람취급을
받지 못하고 재앙을 받게 된다.
　정견(正見)과 사견(邪見)의 가치관을 흐리게 하고 지식과 지혜를
판단하지 못하게 하는 신앙심에서 자신이 벗어나야 하고 절대자에
의하여 구원받으려는 사대주의 사상에서 벗어나야 재앙에서 벗어
나게 되는 것이다.

※ 不須怨訴更尤人(불수원소경우인) : 자신이 마음으로 지은 것이기에 타인을 원망하고 원통해 하면 이것도 자신이 지금 직접 받는 것이 되고, 타인들이 나와 맞지 않는다고 하여 원망하고 원통해 하면 이것도 역시 내가 지금 직접 업(業)을 짓고 있는 것이 된다.

그러므로 지금 바로 벗어나고자 하면 이 번뇌 망념의 생사(生死)를 바로 돈오(頓悟)하면 열반이 된다고 하는 것이다.

(외도들은 불교를 소극적인 종교라고 말하는 경우가 있는데 이것은 자신의 업장이 무엇인지도 모르고 자신들이 믿는 신앙만 최고이기에 무조건 배척하고 이단시하기 때문이지 불교가 오히려 자신들을 구제하는데 적극적인 것이 된다.)

※ 欲得不招無間業(욕득불초무간업) : 무간지옥의 죄업을 받지 않고자하면 자신의 번뇌 망념이 무엇인지 알아야 하는데 이것은 자신의 마음에서 나오는 것이지 다른데서 생기는 것은 아니라는 사실을 깨달아야 한다.

그러나 이것을 자각하지 못하고 우울증이나 화병으로 진화되어 자신이 극복하지 못하고 약물이나 타인의 도움을 받아야 하는 것이 무간지옥이 아니고 무엇이겠는가?

무간지옥의 죄업을 초래하지 않고자 하면 앞에 돈교법문을 듣고 실천하면 바로 벗어나게 되어 열반의 세계에서 한도인(閑道人)으로 살아가게 된다고 강조하고 있는 것이다.

※ 莫謗如來正法輪(막방여래정법륜) : 자신이 자신의 자성(自性)을 비방하면 무간지옥의 죄업을 자신이 받는 것은 당연한 것이므로 비방하지 말아야 한다.

여래의 정법(正法)은 멀리 있는 것이 아니고 자신에게 있는 것인데 아주 멀리 특별하고 전지전능한 성자(聖者)에게 있다고 착각하기 때문에 무간지옥의 죄업에서 벗어나기 어려운 것이므로 정법(正法)을 비방하지 말아야 한다고 하는 것이다.

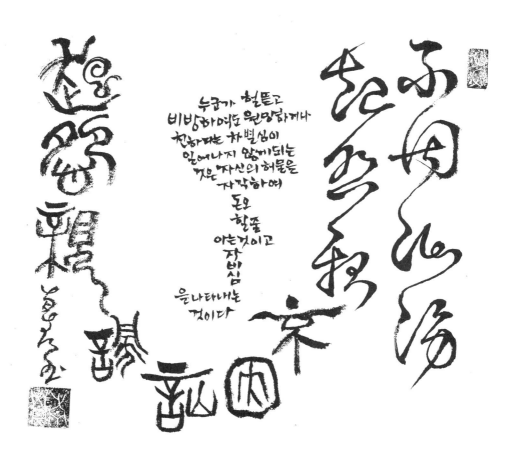

누군가 헐뜯고 비방하여도 원망하거나 친하다는 차별심이 일어나지 않게 되는 것은 자신의 허물을 자각하여

돈오

할줄 아는것이고 잡법심

을 나타내는 것이다

〔不因訕謗起怨親〕

48. 旃檀林無雜樹, 鬱密深沈師子住,
    境靜林間*獨自遊, 走獸飛禽皆遠去.   *(間=閑)명본

【번역】

전단나무숲에는 잡목이 없으니
전단나무숲이 아주 울창하고 깊어 사자만 살고
경계가 고요한 숲속에서 사자가 홀로 유유자적하여
다른 짐승이나 새들은 모두 멀리 달아나네.

【해설】

※ 旃檀林無雜樹(전단림무잡수) : 전단나무 숲에 다른 잡목이 없다
고 하는 것은 돈교법문을 듣고 자신의 자성(自性)이 공(空)이라는
것을 확신하였기 때문에 번뇌 망념이 보리(菩提)가 되니 잡목이
없고 진여의 지혜로 살아가는 것을 말한다.

 그러므로 진여의 지혜로 살아가는 것을 전단나무에 비유하고
망념이 하나도 없다는 것은 잡목이 없는 것에 비유하여 설한 것이다.

※ 鬱密深沈師子住(울밀심침사자주) : 진여의 지혜로 불법(佛法)에
맞게 살아가기 때문에 한도인(閑道人)이라고 하는 것이고 한도인
(閑道人)이 사는 곳이 좌도량(坐道場)이다.

 사자(獅子)가 사는 곳에는 다른 짐승들이 살 수 없다고 하는
비유를 하는 것은 한도인(閑道人)이 사는 곳은 돈오(頓悟)견성(見
性)한 대승보살만 있다는 것을 설하고 있는 것으로 무간지옥의
업장이 없다는 것을 나타낸다.

※ 境靜林間獨自遊(경정임간독자유) : 사자(獅子)가 사는 곳에는 다른 짐승들이 없으므로 경계가 고요하다고 하는 것은 자성(自性)을 공(空)이라고 돈오(頓悟)하면 자신의 만법(萬法)이 고요하게 되어 대상경계의 만법(萬法)이 모두 청정하게 되는 것을 말한다.

만법(萬法)이 청정하므로 경계가 고요한 것이고, 숲 사이를 홀로 독자적으로 유유자적한다는 것은 많은 사람들이 북적이는 속에서 홀로 돈교법문을 듣고 실천하며 한도인(閑道人)으로 살아가고 있다는 것을 나타내고 있다.

※ 走獸飛禽皆遠去(주수비금개원거) : 사자(獅子)가 살면 소승(小乘)이나 축생으로 살아가는 중생들이 멀리 달아난다고 하는 것은 돈교법문을 듣고 돈오견성하면 두 번 다시 중생심으로 오염되지 않는다고 하는 것을 사자와 짐승과 새에 비유하여 설하고 있다.

49. 獅子兒衆隨後, 三歲即能大哮吼,
　　若是野干逐法王, 百年妖怪虛開口.
　㉯ : (師子兒衆隨後, 三歲便能大哮吼,
　　　若是野干逐法王, 百年妖怪虛開口.)

【번역】

　사자의 새끼를 많은 중생들이 뒤따르는 것은

　세 살의 사자(獅子)도 곧바로 능히 큰 사자후(師子吼, 獅子吼)를
할 수 있기 때문이고

　여우가 법왕(法王)을 쫓아낸다고 하여도

　백년 된 온갖 요괴들이 와서 설법을 해도 헛되이 입만 열 뿐
사자후를 못하네.

*(불성(佛性)이나 구경(究竟)의 도리를 알지 못한다.)

【해설】

※ 獅子兒衆隨後(사자아중수후) : 사자(獅子)의 새끼를 많은 중생들
이 뒤따른다고 하는 것은 돈교법문을 듣고 돈오(頓悟)견성(見性)한
수행자를 사자의 새끼라고 한 것이므로 정법(正法)의 수행자가
많은 중생들을 제도하는 것을 뒤따른다고 한다.

※ 三歲即能大哮吼(삼세즉능대효후) : 세 살의 사자(獅子)도 곧바로
능히 큰 사자후(師子吼, 獅子吼)를 할 수 있기 때문이라고 하는
것은 돈오견성하고 나면 정법(正法)을 설하는 능력을 구족하게
된다는 것을 나타내고 있다.

　여기에서 세 살이라고 하는 것은 나이를 가지고 차별분별을 하지
말라는 것이며, 또 누구라도 할 수 있다는 것을 강조하는 것으로

정법(正法)을 설할 수 있는 능력을 말하는 것이라고 볼 수 있다.

※ 若是野干逐法王(약시야간축법왕) : 여우가 법왕(法王)을 쫓아낸다고 하는 것은 약삭빠르게 지식으로 자리만 차지하여 권력을 가지고 자신이 법왕(法王)인 것처럼 사자(獅子)의 흉내를 내는 것을 말한다.

　명예와 권력만 추구하는 수행자들을 비유하는 것인데, 사자(獅子)는 대승보살이고 여우는 소승(小乘)을 나타내는 것이다.

　그리고 수행하여 중생이 부처가 되게 가르쳐야 하는데도 부처를 중생으로 만들게 하는 외도들이 아무리 설쳐도 하나의 부처도 출현하지 못한다는 것을 나타내고 있다.

※ 百年妖怪虛開口(백년요괴허개구) : 백년 된 온갖 요괴라고 하는 것은 온갖 수단을 사용하여 부처인 것처럼 하려고 하여도 지식이고 알음알이만 할 줄 알지 정작 정법을 설하지 못하게 된다고 하는 것이다.

　헛되이 입만 열고 정작 중요한 정법은 설하지 못한다고 하는 것을 사자후를 하지 못한다고 한다.

　약삭빠른 지식이나 알음알이로는 아무리 설하여도 외도(外道)나 소승(小乘)의 법만 설하게 된다고 하는 것을 말하고 있다.

50. 圓頓教勿人情, 有疑不決直須爭,
    不是山僧逞人我, 修行恐落斷常坑.

【번역】

원만한 돈교의 가르침은 중생심이 없으니
결정하지 못하는 의심이 있으면 곧바로 반드시 결판을 내고
산승이 인상(人相)과 아상(我相)을 드러내지 않은 것은
수행자들이 단견(斷見)과 상견(常見)의 구덩이에 떨어지는 것을
두려워함이네.

【해설】

※ 圓頓教勿人情(원돈교물인정) : 여우나 요괴와 같은 외도(外道)들
이 아무리 미사여구(美辭麗句)로 사람들에게 법을 설하여도 한사람
도 구제하지 못한다고 하는 것을 다시 설명하고 있다.

원만하다고 하는 것은 어디에나 모나지 않고 누구나 할 수 있다는
것을 원만하다고 하는 것이며, 또 돈교(頓教)의 가르침이라는 것은
점차가 아니고 누구나 바로 지금 할 수 있는 불법(佛法)의 가르침이
라는 뜻이고, 인정(人情)이 없어야 한다고 하는 것은 중생심(衆生
心)이 없어야 한다는 것을 말한다.

불심(佛心)으로 살아가면 자성(自性)이 공(空)이어야 하는데 요
괴와 같은 외도(外道)들은 이것을 할 수 없다고 하는 것이고, 또
외도(外道)들이 아무리 법(法)을 설하여도 이루어지지 않는다고
하는 것도 자신의 불법(佛法)이 있을 수 없기 때문이다.

그리고 모든 사람들을 모두 부처로 할 수 없기 때문에 종교(宗教)
가 되지 않고 신앙심만 고취시키고 자기를 추종하게 하므로 외도(外
道)들은 할 수 없다고 하는 것이다.

176

※ 有疑不決直須爭(유의불결직수쟁) : 자신이 지금 해결하지 못하는 의심이 있다면 곧바로 결판을 내라고 하는 것은, 첫째로는 불법(佛法)의 대의(大意)를 체득하여 정법(正法)의 안목을 구족하라고 하는 것이고, 둘째로는 자신이 지금 하는 일을 자신이 자각하여 자성(自性)이 공(空)이라는 사실을 알고 지금 바로 결정을 하여 불법(佛法)에 맞게 한도인(閑道人)으로 살아가라는 의미가 있다.

※ 不是山僧逞人我(불시산승영인아) : 지금 이와 같이 설하는 것도 영가현각이 아상(我相)과 인상(人相)이 있어서 자신을 나타내고자 이와 같이 설하는 것이 아니라 누구나 이와 같이 수행하면 외도(外道)에 떨어지지 않고 돈교의 법문을 듣고 한도인으로 살아갈 수 있다고 하는 것이다.

　아상(我相)과 인상(人相)을 버리지 못하는 수행자를 위하여 간절하게 자신이 인아상(人我相)을 드러내지 않는다고 하는 것을 알아야 한다.

※ 修行恐落斷常坑(수행공락단상갱) : 지금과 같이 설하는 것은 수행자들이 단견(斷見)과 상견(常見)에 떨어지는 것을 방지하고자 하여 설하는 것이라고 하고 있다.

　수행자들이 조금이라도 아상과 인상이 있게 되면 바로 단견(斷見)과 상견(常見)의 구덩이에 떨어지게 된다는 것을 말한다.

　그리고 자신들이 과거에 수행하고 있던 수행이 백년 된 여우나 요괴와 같은 수행자들의 가르침이므로 사자후를 할 수 없고, 지금의 남종돈교가 모든 사람들이 부처로 살아갈 수 있는 수행법이므로 세 살 된 사자도 사자후를 한다고 강조하는 내용이다.

　깨달음을 증득하여 전지전능한 부처가 되어야 하는 것이 아니라 어느 누구나 진여의 지혜로 살아가면 여래로서, 한도인(閑道人)으로서, 조사로서 자신들이 살아갈 수 있다는 것을 나타내고 있다.

〔岑崟幽邃長松下〕

51. 非不非是不是, 差之毫釐失千里,
    是即龍女頓成佛, 非即善星生陷墜.
    ㉯ : (非不非是不是, 差之毫釐失千里,
        是則龍女頓成佛, 非則善星生陷墜.)

【번역】
  옳지 않은 것도 없고 옳은 것도 없다는 것을 자신이 한다는 것을
분명하게 알면
  털끝 만큼만이라도 어긋나게 되면 아주 틀리게 되는 것이니
  옳다고 하면 용녀가 바로 성불하는 것과 같은 것이며
  옳지 않다고 하면 선성비구가 산채로 지옥에 떨어진 것과 같이
내가 바로 지옥에 떨어지게 되는 것이네.

【해설】
※ 非不非是不是(비불비시불시) : 절대적으로 아니라는 부정(否定)
도 없다는 것과 옳다는 고정된 옳음도 없다고 하는 것은 옳고 그름이
없다는 것이 아니고 자신의 마음속에 중생심이 없어야 한다는 것을
설하고 있는 것이다.
  자신의 자성(自性)이 공(空)이므로 자신의 마음속에 고정된 시비
(是非)가 없어야 무자성(無自性), 무소유(無所有), 무소주(無所住)
가 되는 것이기 때문에 옳지 않은 것도 없고 옳은 것도 없다고
하는 것이지 진실로 옳고 그름이 없다는 것은 아니다.
  그러므로 자신이 진여의 지혜로 불법(佛法)에 맞게 살아가면
시비(是非)분별(分別)은 자신이 한다는 것을 분명하게 알게 되어
이것에서 벗어나게 된다.

※ 差之毫釐失千里(차지호리실천리) : 조금이라도 어긋나게 되면 될 수 없다는 것을 아주 확실하게 말하고 있는 것인데 무엇이 조금이라도 어긋나게 되면 안 되는 것인지를 모르면 다음에 나오는 용녀가 성불(成佛)을 할 수 없게 된다.

무자성(無自性), 무소유(無所有), 무소주(無所住)라는 말에서 자신의 자성(自性)이 공(空)이라는 사실을 털끝 만큼만이라도 어긋나게 알게 되면 아주 틀리게 되는 것이라고 말하고 있는 것이다.

모든 것을 지식으로 알려고 하면, 대장경을 암송한 선성비구가 성불(成佛)해야 하는 것이나 실천을 하지 않아 성불(成佛)하지 못하는 것이고, 모든 것을 진여의 지혜로 알고 실천하면 여덟 살 된 용녀가 성불(成佛)하게 되는 것과 같이 모두가 무자성(無自性)이라는 사실을 알고 진여의 지혜로 살면 성불하게 된다고 설하고 있다.

※ 是即龍女頓成佛(시즉용녀돈성불) : 앞에 설한 것을 긍정하고 바른 정법(正法)의 안목으로 살아가게 되면 무소유(無所有), 무소주(無所住)를 실천하게 된다고 하는 것을 용녀가 바로 성불하는 것과 같이 성불하게 된다고 하는 것이다.

자신의 만법(萬法)이 청정하게 되는 것은 자신의 자성(自性)이 무자성(無自性)이기 때문이라고 설하는 것으로 도(道)는 세 살짜리 아이도 알지만 80살 된 노인도 도(道)를 실천하기 어렵다고 한 비유와 같다.

※ 非即善星生陷墜(비즉선성생함추) : 지금까지 설한 것이 조금이라도 틀린다고 하면 선성비구가 산채로 지옥에 떨어진 것과 같이 자신이 바로 지옥에 떨어지게 된다고 하며 자신의 안목(眼目)으로 실천하면 한도인이 되는 것이라고 확신하고 있다.

지식으로 살아가면 자신이 고통 속에서 살게 된다고 하며 일체의
모든 것이 고(苦)라고 하는 것은 이것을 말한다.

돈교의 법문을 듣고 실천해야 바로 성불하는 것이고, 지금의
수행으로는 이루어지지 않는다고 용녀와 선성비구를 비유하여 설
하고 있다.

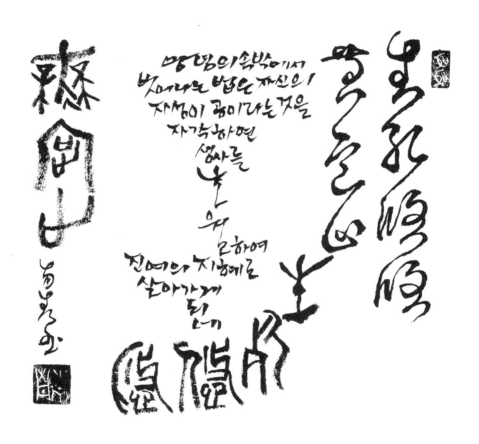

〔生死悠悠無定止〕

아. 후학들에게 돈교법문을 설함

52. 吾早年來積學問, 亦曾討疏尋經論,
    分別名相不知休, 入海算沙徒自困.

【번역】

나도 어려서부터 경론(經論)을 공부하여 익혔고

역시 경론(經論)을 더욱 깊이 토론하고 주해를 탐구하였으나

명상(名相)을 보고 분별하는 마음이 대상경계라는 사실을 알지 못하고 쉬려고 하여서

바다에 가서 백사장에 있는 모래의 수를 세는 무리들처럼 헛되이 피곤하였었네.

【해설】

※ 吾早年來積學問(오조년래적학문) : 앞단에서 설한 내용을 다시 강조하는 것으로 어려서부터 경율론을 공부하여 익혔다고 하는 것은 선성비구가 공부하였듯이 모든 경전들을 모두 익혔지만 수행을 대상으로 공부하였다는 것을 후회하고 있다.

즉 8세의 용녀가 성불하는 것을 지금에 알게 되었다는 것을 말하는 것은 이후의 수행자들이나 말법(末法)의 중생들을 제도하고자 하는 자비심이 간절한 것을 나타낸다.

※ 亦曾討疏尋經論(역증토소심경론) : 경율론을 모두 익히고 본질을 모두 파악하였고 소초(疏鈔)를 탐구하였다고 하는 것은 자신이 교학을 모두 완벽하게 공부하였으나 이루지 못하였다는 것을 말하

기 위하여 자신의 과거를 서술하고 있다.

지금의 수행자들이 공부하는 법이 자신이 지난날 수행하던 것과 비슷해서 후학들을 꾸짖는 것인데도 많은 수행자들이 검은 콩을 주워 먹고 나눠주는 것에 도취되어 있는 것이 안타까워서 경책하고 있다.

※ 分別名相不知休(분별명상부지휴) : 명상(名相)에 빠져 지금까지 경율론을 지식으로 알고 공부하여 더 많이 알려고만 한 자신이 허송세월을 보냈다는 것을 이제야 깨닫게 되었다는 것을 후회하는 내용이다.

경전을 간경(看經)할 줄 아는 안목을 구족하지 않으면 경전에 잘못이 있는 것으로 오인(誤認)하게 되지만 경전에 잘못이 있는 것이 아니고 경전을 바르게 보지 못하는 그 사람에게 허물이 있는 것이다.

명상(名相)을 분별하는 자신의 본성(本性)이 공(空)이라는 것을 알지 못하면서 명상(名相)을 분별하는 마음을 쉬려고만 하니 소를 타고 소를 찾는 것이고, 중생이 중생을 구제하려고 하는 고통이 반복되는 것을 육도윤회라고 설하면서 자신의 과거를 술회(述懷)하고 있다.

※ 入海算沙徒自困(입해산사도자곤) : 자신이 경율론을 모두 탐구하여 찾으려고 한 것을 백사장의 모래를 세는 것과 같다고 하고 있다.

간경(看經)을 할 줄 모르면 자신이 경전에 평생 동안 끌려 다니게 되는 것을 우려한 것이고, 또 밖에서 자신을 찾으려고 하면 헛되이 세월만 보내게 된다고 하며 다음 구절(句節)에 타인의 마니보주를 자신의 마니보주라고 착각하지 말라고 설하고 있다.

　자신이 천태에서 선수행을 하였으나 도(道)를 이루지 못하였고 돈교의 가르침으로 자신이 깨달음을 체득하였다고 술회하고 있는 것이지만 시대적으로 남종을 의지하여야 하기 때문에 이렇게 제작했다 할 수도 있고 아니면 천태의 수행자들을 남종으로 전환시키기 위하여 제작하였는지 알 수는 없지만 불교를 한 단계 더 성숙시키는 역할을 한 것은 틀림없다.

〔天龍寂聽生欣悅〕

53. 却被如來苦訶責, 數他珍寶有何益,
    從來蹭蹬覺虛行, 多年枉作風塵客.

【번역】

여래께서 다문(多聞)만이 수행이라고 알고 공부한 아난을 꾸짖은 것은

타인의 진귀한 보배를 세어 자신에게 어떤 이익이 있다고 하는 이들을 위한 것이고

지금까지 경론(經論)의 공부나 깨달음을 위한 수행이 잘못된 수행이라고 자각하니

지금까지 많은 세월동안 잘못된 수행으로 풍진객(風塵客, 집없는 나그네)이었네.

【해설】

※ 却被如來苦訶責(각피여래고가책) : 많이 보고, 듣고, 암송하여 지식이 아무리 많아도 진정으로 자신이 직접 실천하지 않는 것을 꾸짖는 것이다.

즉 자신이 직접 하려고 하지 않고 남이 이룩하여 놓은 것만 따라 익히고 암송하며 남이 한 것을 따라만 하는 것은 자신의 독자성과 자신의 인생이 없는 모방된 삶만 있게 된다.

그래서 자신이 불법(佛法)의 대의(大意)를 깨닫고도 실천하지 않으면 아무런 이익이 없는 것이라고 설하고 있다.

※ 數他珍寶有何益(수타진보유하익) : 남의 보배를 샘한다고 하는 것은 타인의 마니보주가 자기 것인 양 착각하는 것을 말하는 것이고, 수많은 경전들이 모두 방편설법이라는 것을 알지 못하는 이들에게 자신의 마니보주를 사용하여 올바른 간경(看經)을 하고 진여의 지혜로 살아가는 한도인이 되기를 바라는 것이다.

경전을 공부하여 수행한다고 하는 것은 불법(佛法)을 익혀서 자신의 것으로 만들어 자신이 사용할 줄 알아야 고행(苦行)이 아닌 수행이 된다.

영가현각 자신이 지금까지 고행(苦行)을 하고 진정한 수행(修行)을 하지 못하였다고 하는 것을 남의 보배나 헤아렸다고 하며 이와 같이 설하는 것은 이후의 수행자들은 자신과 같은 과오를 범하지 말라는 자비심이 가득한 설법이다.

※ 從來蹭蹬覺虛行(종래층등각허행) : 지금까지 경론(經論)의 공부나 깨달음을 위한 수행이 잘못된 수행이라는 것을 자각하였다는 것은 남의 보배를 헤아리면서 자신의 것으로 착각하여 진정한 수행이라고 알았다고 참회의 눈물을 흘리고 있는 장면이다.

아난존자가 부처님이 입적하시고 나서 경전을 결집하는 자리에 들어가지 못하고는 다시 돈오하여 참석하게 되는 것과 같은 것으로 많이 듣고 암송을 할 줄 알아도 자각하여 실천하지 못하면 잘못된 수행이라고 강조하고 있다.

※ 多年枉作風塵客(다년왕작풍진객) : 많은 세월동안 헛되이 수행하였다고 하는 것은 많은 수행자들이 주인으로 살지 못하고 객으로 살아가는 것을 안타까워하고 있다.

자신이 주인이라는 것을 깨닫게 하려고 소를 타고 소를 찾는다고 하고 남의 보배를 헤아린다고도 하며 풍진객(風塵客)이라고 하는 것이므로 결국은 각자가 진여의 지혜로 살아갈 것을 강조하고 있다.

그리고 후학들은 잘못된 수행으로 많은 세월을 허비하지 말기를 바라며 정법(正法)으로 올바르게 수행해야 한다고 간절하게 설명하고 있다.

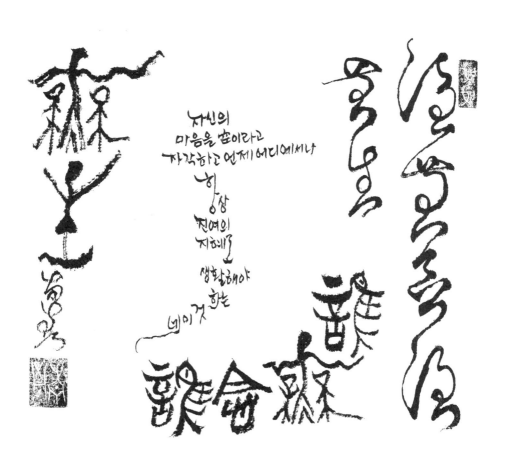

자신의
마음을 숲이라고
자각하고 언제어디에서나
항
상
진여의
지혜로
생활해야
하는
네이것

〔誰無念誰無生〕

54. 種性邪錯知解, 不達如來圓頓制,
　二乘精進沒道心, 外道聰明無智慧.
　㉯ : (種性邪錯知解, 不達如來圓頓制,
　　二乘精進勿道心, 外道聰明無智慧.)

【번역】

여래의 종성(種性)을 깨닫지 못하고 잘못된 알음알이로 (착각하여) 살면

여래께서 설한 원돈제(圓頓制)를 통달하지 못하며

이승(二乘)의 수행법으로는 수행정진을 하여도 도심(道心)이 없고

외도(外道)는 아주 총명하여도 진여의 지혜로 살지 못하네.

【해설】

※ 種性邪錯知解(종성사착지해) : 자성(自性)이 공(空)이라는 사실을 자각하여 진여의 지혜로 살아가고자하면 여래의 종성(種性)이 자기의 자성(自性)이 되어야 하는데 이것을 잘못알고 알음알이로 알려고 하면 영원히 풍진객(風塵客)이 된다.

종성(種性)을 선천적이지 않고 후천적으로 수행하여 체득해야 불성(佛性)을 체득할 수 있다고 하는 것으로 구분하는 경우도 있지만 모두가 선천적으로 불성(佛性)을 구족하고 있는 근성(根性)이다.

그러나 종성(種性)을 깨닫지 못하고 지견해회(知見解會)로 아는 것을 부처의 깨달음이라고 알고 수행하는 사람들을 풍진객(風塵客)이라고 하며 불성(佛性)을 체득하지 못한다고 한다.

종성(種性)을 선천적이라고 하고는 삿되다고 하는 것은 자신의 종성(種性)을 중생들은 자각하지 못하고 지해(知解, 알음알이)로

알려고 하는 차별적인 사고를 말한다.

※ 不達如來圓頓制(부달여래원돈제) : 여래께서 설한 누구나 구족하고 있는 원만하게 바로 자각할 수 있는 불성(佛性)을 깨달아 실천하지 못하는 것은 후천적인 종성(種性)이 삿되기 때문에 탐진치를 계정혜로 전환하여야 한다.

　원돈제(圓頓制)는 일반적인 지혜가 아니고 진여의 지혜라고 하는 것으로 여래의 불성(佛性)을 자각할 수 있는 기본적인 본성(本性)을 말하는 것이며 육조단경의 무상심지계(無相心地戒)인 오계(五戒)를 진여의 지혜로 실천하기를 바라고 있다.

　그러나 유상계(有相戒)로 불법(佛法)을 구하기 때문에 여래의 원돈제에 도달하지 못하게 된다.

　즉 계율을 지키고 실천은 하지만 이승(二乘)의 조작된 부처가 되는 것이고 이름만 불교인 단체가 되는 것을 우려해서 내범과 외범으로 구분하여 설명하고 있다.

※ 二乘精進沒道心(이승정진몰도심) : 이승(二乘)은 성문(聲聞)과 연각(緣覺)을 말하는데 이런 경우를 내범이라고 말할 수 있는 것으로 이승(二乘)이 아무리 수행을 잘하여도 도심(道心)이 없다고 하는 것을 우리들은 잘 알아야 한다.

　『선가귀감』에는 스님들을 '박쥐승'이나 '벙어리 염소승'이라고 말하고 있는 것은 불교라는 이름을 빌려 자신들의 이익을 추구하고 있는 것이므로 도심(道心)이 없다고 하는 것이고, 세간의 지혜로 사는 것이지 진여의 지혜로 사는 것이 아니다.

　그러므로 종성(種性)을 깨닫지 못하고 알음알이로 여우처럼 살아가게 된다.

※ 外道聰明無智慧(외도총명무지혜) : 이승(二乘)이나 외도(外道)들은 총명하여 많은 사람들이 추종하고 많은 부와 권력과 명예를 가지고 교단을 확장하여 많은 도움을 주는 것처럼 보이지만 실제로 기본적인 의식주를 가지고 사람을 속박하거나 마음을 밖에서 찾게 하는 외도(外道)이니 진여의 지혜와는 거리가 멀다.

외도(外道)들을 왜 총명(聰明)하다고 하느냐 하면 보고들은 것에 의지하여 알음알이로 설법을 하며, 또 대중들의 인기나 대중들의 우두머리가 되려는 마음만 가지고 자기의 주장을 합리화하고, 누군가가 물으면 바로 알음알이로 대답하여 주며, 설령 하나를 맞추거나 성취하게 하면 자신이 기적을 일으켰다고 온 천하에 소문을 내어 신앙심을 심어주기 때문에 총명(聰明)하다고 하는 것이지, 자신이 불법(佛法)의 대의(大意)를 깨달아 자신이 진여의 지혜로 살아가는 것은 아니다.

55. 亦愚癡亦小騃*, 空拳指上生實解,
     執指為月枉施功, 根境法中虛捏怪.   * (騃＝駭)

【번역】

역시 지혜가 없으면 우치(愚癡)하고 또 아주 어리석은 중생이
되어

빈손으로 주먹을 쥐고 안에 무엇이 있다고 하면 아이처럼 실제로
있다는 견해를 내고

달을 가리키는 손가락에 집착하여 불성(佛性)을 잘못알고 공부하
며

육근(六根)과 육경(六境)으로 된 법(法)중에서 헛되이 괴상하게
조작하여 불성(佛性)을 찾게 되네.

【해설】

※ 亦愚癡亦小騃(역우치역소애) : 우치하고 어리석다는 것은 지식
으로 살아가는 사람들을 말하는 것이며 아무리 총명(聰明)하다고
할지라도 진여의 지혜로 생활하지 않으려고 한다는 것을 말한다.

총명(聰明)이라는 말은 보고 들어서 깨달음을 성취한 성문(聲聞)
이나 인연법을 자각한 연각(緣覺)을 말한다.

그러나 외도(外道)들이나 이승(二乘)은 아무리 총명할지라도 도
심(道心)이 없고 진여의 지혜로 살아가지 못하는 것은, 선천적인
종성(種性)을 삿되게 알고 원돈의 법문을 알지 못하는 것이며, 또
후천적인 종성(種性)도 무상심지계가 아닌 유상계로 알고 있기
때문이다.

우치(愚癡)하다고 하는 것이나 어리석다고 하는 것은 반야의
지혜가 없다는 것이지 지식이 없다는 것을 말하는 것이 아니다.

지식으로 살아가는 중생들을 축생이라고 하거나 우치(愚癡)하다고 하는 것은 무상심지계(無相心地戒)를 실천하는 진여의 지혜가 없기 때문에 항상 중생심의 감정에 의지하거나 유상계(有相戒)에 의지하여 살아가기 때문에 해탈(解脫)을 할지라도 해탈지견향(解脫知見香)이 되지 않는다.

그러므로 우치(愚癡)하게 살아가지 않으려면 삼학(三學)에 의지하여 해탈하고는 대승에 의지하여 해탈이 무엇이고 여래가 무엇인지를 정확하게 알아야 한도인으로 살아갈 수 있다.

※ 空拳指上生實解(공권지상생실해) : 빈주먹 안에 무엇이 있다고 하면 많은 사람들이 그것을 추구하며 무조건 믿고 따르면서 없는 것을 있다는 신앙에 빠져 환상 속에서 벗어나지 못하는 것을 우려하고 있다.

예를 들면 예불(禮佛)한다는 말을 기도(祈禱)한다는 말로 바꿔놓고 기도를 하면 영험이 있다고 하면서 영험이 어디에서 오는 것으로 착각하여 진실로 영험이 있다는 견해를 가지고 살아가는 사람들을 여기에서는 유치하고 어리석다고 표현하고 있다.

예불(禮佛)은 자신이 부처로 살아가는 수행법으로 항상 진여의 지혜로 살아가는 법을 훈습(薰習)하는 것이고, 기도(祈禱)는 성자의 가르침을 믿고 열심히 따르면서 성자와 같이 있게 하여 달라고 기원(祈願)하는 것이므로 이승(二乘)이 되는 것이다.

인간이 죽고 나서 육신을 벗어난 다른 무엇이 실제로 있다고 믿고 다시 환생(還生)이나 부활(復活)한다는 신앙을 가지고 살아가는 것을 여기에서 말하는 것이고, 또 한 걸음 더 나아가서 다른 육신의 몸을 받아 온다는 견해를 가지는 것을 말한다.

사람들이 서로 싸우거나 전쟁을 하거나 탐욕이 넘쳐 다른 사람들을 괴롭히는 이유가 자신들은 영원할 것이라는 신앙에서 오는 것은 아닐까라는 생각을 하여 본다.

자신이 항상 현재를 잘 살아가기를 바라는 것이 불교의 가르침이라는 사실을 망각하고는 과거의 기억이나 추억으로 미래를 꿈꾸면서 현재를 잃어버리고 살아가는 사람들을 주인이 아닌 객으로 살아간다고 하는 것이다.

『임제록』에 항상 자신이 어디에서나 주인공으로 살아가야 한다고 하며 수처작주 입처개진(隨處作主 立處皆眞)해야 한다고 하는 것처럼 진여의 지혜로 살아가야 객(客)으로 살지 않게 된다.

※ 執指為月枉施功(집지위월왕시공) : 달을 가리키는 손가락은 교학을 공부하는 것과 같은 것인데 교학에 너무 집착하여 달을 보지 못하는 것은 자기의 자성(自性)이 불성(佛性)이라는 사실을 알지 못하고 공부하는 것을 뜻한다.

여기에서 많은 중생들이 객(客)을 주인으로 알고 살아가는데 이것 때문에 개경게에 "무상심심미묘법 백천만겁난조우(無上甚深微妙法 百千萬劫難遭遇)" 라고 하는 것을 오인(誤認)하여 실제로 백천만겁이라는 세월을 거쳐야 부처가 되는 것으로 알고 있는 것은 참으로 어리석은 일이다.

지금이라도 불법(佛法)의 대의(大意)를 설하는 방편의 손가락에서 벗어나 바른 수행자로 살아야 한다고 강조하고 있다.

※ 根境法中虛捏怪(근경법중허날괴) : 육근(六根)과 육경(六境)에서 만들어진 육식(六識)속에서 불성(佛性)을 찾으려고 각각을 분리하거나 아니면 서로 조합하여 알려고 하면 소를 타고 소를 찾는 것이라고 말하고 있다.

자신이 알고 있던 과거의 기억이나 추억으로 육경(六境)을 아는 것에서 벗어나 불법(佛法)의 대의(大意)를 파악해야 날조(捏造)되지 않은 진실을 바로 보게 된다.

지금까지 자신이 백천만겁이나 지나도록 사용하여도 자신이 주인으로 사용하는 것인 줄을 알지 못하고 주어진 고정된 인생을 살아야 한다고 영원히 객(客)으로 살고 있는 범부(凡夫)들에게 바른 길을 제시하고 있다.

56. 不見一法即如來, 方得名為觀自在,
　　了即業障本來空, 未了還須償宿債.
㉯ : (不見一法即如來, 方得名為觀自在,
　　　了即業障本來空, 未了應須還夙債.)

【번역】

한 법(法)도 의식의 대상으로 알지 않으면 여래로 살고
비로소 이것을 체득해야 관자재보살이라 할 수 있으며
　여래의 종성(種性)이 공(空)이라는 사실을 요달하면 업장(業障)
도 본래부터 공(空)이 되어 한도인(閑道人)으로 살지만
　죄와 복의 본성이 공(空)이라는 사실을 요달하지 못하면 도리어
숙채(宿債)를 갚아야 하네.

【해설】

※ 不見一法即如來(불견일법즉여래) : 제법(諸法)을 대상으로 있다
고 알고 있으면 이승(二乘)이 되고, 제법(諸法)을 공(空)이라고
알게 되면 여래(如來)로서 살아갈 수 있다.

　이 부분을 만법(萬法), 제법(諸法), 일법(一法)등으로 표현하는
데 본래무일물(本來無一物)이 되어야 일법(一法)도 대상으로 보지
않게 되는 것이다.

　그리고 왜 다음에 관자재보살이 되는가하면 자신이 자신의 법을
관조하는데 자유자재로 할 수 있는 보살이 되기 때문에 관자재보살
이 되어야 하는 것이다.

※ 方得名爲觀自在(방득명위관자재) : 일법(一法)도 대상으로 보지 않고 공(空)으로 알고 실천하여 몰종적이 되면 여래가 되는 것이고, 일법(一法)이 공(空)이라는 것을 완벽하게 자각하여 보살도를 실천하면 관자재보살이 된다.

※ 了卽業障本來空(요즉업장본래공) : 자신이 관자재보살이라는 사실을 완벽하게 요달하면 자신의 업장이 모두 본래부터 공(空)이라는 것을 알게 되고 한도인으로 살아갈 수 있다.
　즉 자신이 여래의 종성(種性)이 공(空)이라는 사실을 요달하여 보살도를 실천하면 관자재보살이라고 하고, 공(空)을 실천하여 몰종적으로 살아가는 사람을 한도인이라고 한다.

※ 未了還須償宿債(미료환수상숙채) : 이러한 사실을 알지 못하고 중생심으로 살아가면 자신의 생사(生死)를 벗어나기 어렵다.
　그리고 숙채(宿債)라는 것은 과거의 기억이나 추억을 공(空)으로 전환하지 못하고 과거에서 벗어나지 못한 상태에서 대상경계를 만나게 되는 것을 말하는 것이므로 일법(一法)도 대상으로 보지 않아야 여래로서 살아갈 수 있다고 다시 설명하고 있다.
　중생심으로 살아가면 숙채(宿債)를 갚아야 한다고 하는 것은 자신이 지은업장의 과보를 받는다고 하는 것인데 세속의 거래관계를 말하는 것으로 알고 나쁜 방향으로 악용하면 불교의 수행자가 아닌 것이므로 여기에서는 수행자의 입장에서 이해해야 한다.
　그러므로 중생심으로 살아가면 항상 숙채를 갚아야 하는 것이지만 불심(佛心)으로 살아가면 업장도 공(空)한 것이 되어 갚아야 할 숙채(宿債)도 사라지게 된다.
　중생이 해탈하여 지금 바로 한도인(閑道人)으로 살아가게 된다고 강조하고 있는 부분이다.

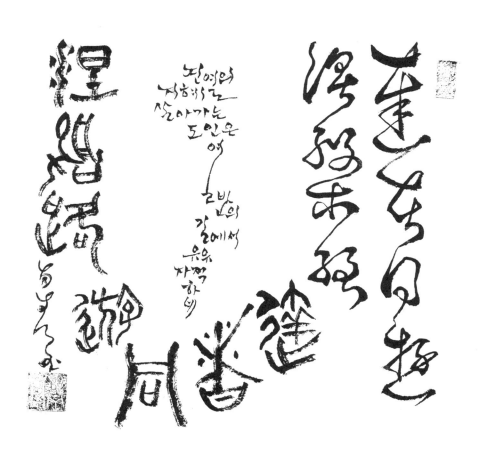

〔達者同遊涅槃路〕

57. 飢逢王饍不能餐, 病遇醫王爭得差, 在欲行禪知見力,
　　 火中生蓮終不壞, 勇施犯重悟無生, 早時成佛于今在.
　㉯ : (饑逢王饍不能飡, 病遇醫王爭得瘥, 在欲行禪知見力,
　　　 火中生蓮終不壞, 勇施犯重悟無生, 早時成佛于今在.)

【번역】

굶주리다가 왕의 밥상이 자신에게 주어줘도 먹지 못하니

환자가 의왕(醫王)을 만나도 믿고 실천하지 않아서 치료를 하지 못하고

욕계에서도 진여의 지혜로 살아가면 한도인(閑道人)이 되어 불성(佛性)을 명확하게 친견한 사람이니

불 속에서도 연꽃으로 피어 끝까지 타지 않고

* (불은 욕계를 말하는 것이고 연꽃은 한도인을 말하는 것이다.)

용시비구가 중죄를 짓고도 무생법인(無生法忍)을 깨달아

벌써 성불하였다는 것이 전해져 지금까지 이어지고 있네.

【해설】

※ 飢逢王饍不能餐(기봉왕선불능찬) : 굶주린다고 하는 것은 지금까지 중생으로 살아가는 사람들을 말하는 것이고, 왕의 밥상이라고 하는 것은 지금까지 설법(說法)한 것이므로 지금까지 설(說)하여도 알아듣지 못하는 것을 비유한 것이다.

즉 앞에 비유하였던 백천만겁난조우(百千萬劫難遭遇)와 같은 의미로 굶주린다는 표현을 한 것이고, 왕의 밥상을 줘도 먹지 못하는 것은 아금문견득수지(我今聞見得受持)라는 말을 하여도 자신이 알아듣지 못하고 있는 것을 비유하여 자신이 진여의 지혜를 알지 못한다고 설명하고 있다.

198

※ 病遇醫王爭得差(병우의왕쟁득차) : 중병(重病)에 걸린 환자가
치료를 잘하는 의사를 만나도 의사의 치료법을 인정하지 않고 의사
의 말을 듣지 않아 죽게 되는 것을 비유한 것은, 중생으로 육도윤회를
하면서 고통(苦痛)속에 살면서도 벗어나려고 하지 않고 불나방이
불속으로 들어가 타죽는 것과 같이 생활하고 있다는 것을 말하고
있는 것이다.

　중생의 고통을 해결하여 주려고 하는 불법(佛法)을 지금까지
설하고 있는데도 알아듣지 못하는 중생들을 위하여 이와 같이 비유
하여 설법을 하고 있다.

※ 在欲行禪知見力(재욕행선지견력) : 욕계에 있으면서도 누구나
진여의 지혜로 살아가면 번뇌(煩惱)가 바로 보리(菩提)가 되는 것을
알게 된다.

　욕계(欲界)에서는 선(禪)을 행할 수 없다고 하는 것은 선(禪)을
대상으로 알고 자신이 행하지 않는 것을 말하는 것이고, 자신이
탐진치(貪瞋痴)를 계정혜(戒定慧)로 전환하여 진여의 지혜로 살아
갈 줄 알면 삼계(三界)에서 출세(出世)하게 되는 것이다.

　이와 같이 삼계(三界)에서 벗어나야 중생들과 같이 삼계(三界)에
살면서 참선(參禪)을 하는 불지견(佛知見)을 구족하게 된다.

　연꽃이 진흙탕 속에서 피는 것을 삼계(三界)에서 여래가 출현하는
것과 같은 비유로 욕계(欲界)에서 참선수행을 하게 되는 것을 진여
의 지혜로 살아간다고 한다.

　그러므로 입전수수(入鄽垂手)의 보살도를 실천하는 한도인의
모습으로 욕계에서도 자유자재로 살아가므로 번뇌즉보리(煩惱卽
菩提)를 실천하게 된다.

※ 火中生蓮終不壞(화중생련종불괴) : 불속에서 연꽃이 피는 것은 화택(火宅)에서 벗어나 여래로 살아가는 것을 말한다.

불에 타지 않는다고 하는 것은 욕계에 살면서도 탐욕에 물들지 않는다는 것을 말하는 것이므로 불퇴전(不退轉)을 실천하는 한도인(閑道人)으로 살아가는 것을 불에 타지 않는다고 하는 것이다.

즉 생사즉열반(生死卽涅槃)이 되어 어디에서나 연꽃이 피게 되는 것을 생사(生死)의 불속에서 타지 않고 연꽃이 핀다고 하는 것이다.

※ 勇施犯重悟無生(용시범중오무생) : 용시비구가 중죄를 짓고도 부처가 된 예를 들어 설명하는 것은 죄인이 참회(懺悔)와 참괴(慚愧)를 하고 무생법인(無生法忍)을 깨달아 불법(佛法)에 맞게 살아가면 부처로 살아갈 수 있다고 하는 것이다.

이것은 용서와 화합을 하는 내용으로 부처님이 앙굴마라(央掘摩羅)를 제자로 받아들인 것과 같다.

이 내용을 악용하는 것이 문제가 되기 때문에 사자후(獅子吼)를 하면 중생들의 머리가 깨진다고 한 것이고, 참선의 수행자들에게 과거의 잘못으로 인하여 더 전진하지 못하는 것을 우려하여 이와 같이 설한 것은 누구나 참회(懺悔)하고 참괴(慚愧)하여 지금 바로 한도인(閑道人)으로 살아가기를 서원(誓願)하는 것이다.

여기에서 중요한 것은 참회와 참괴는 두 번 다시 나쁜 악업을 짓지 않아야 한다는 것을 전제로 하고 있다는 것을 명심해야 한다.

※ 早時成佛于今在(조시성불우금재) : 용시비구의 예를 들어 말하는 것이지만 많은 수행자들이 성불(成佛)하였다는 것을 설명하는 것이며 영가현각 당시에도 많은 부처가 출현하였다는 것을 강조하는 것이다.

용시비구가 출세하여 보월여래가 되었다는 내용을 지금까지 전해온다고 하면 용시비구 한 사람의 성불(成佛)만을 강조한 것이 되어, 신비한 불법(佛法)의 가르침이라고 항상 우러러보는 신앙에서 벗어나기 힘들어 자신들이 성불하기는 아득하게 먼 일이 된다.

　　그러나 지금 누구든지 불법(佛法)에 맞게 진여의 지혜로 살아가면 성불하게 되는 것이고, 자신의 부처는 멀리 외부에 있는 것이 아니라는 것을 강조하기 위하여 비유를 하고 있다.

　　즉 중생들이 미혹하여 과거의 허물 때문에 참회하고 참괴하여도 과거에 지은 죄의 늪에서 벗어나지 못하고 영원히 죄인으로 살아가는 수행자들을 제도(濟度)하여 한도인으로 살아가게 하는 불법(佛法)의 위대함을 보여 주고 있다.

58. 師子吼無畏說, 深嗟懵懂頑皮靼(多達切*),
　　只知犯重障菩提, 不見如來開祕訣.

㋐ : (師子吼無畏說, 深嗟懵懂頑皮靼,
　　　秖知犯重障菩提, 不見如來開祕訣.)　　*(切一)명본

【번역】
사자후를 하며 두려움 없이 설법을 하는 것은

총명한 지혜가 없어 알아듣지 못하고 고집불통으로 사는 중생들을 불쌍히 여기는 것이며

단지 중죄(重罪)를 범(犯)하면 깨달음을 장애하는 것이라고만 알면

여래께서 비결을 개시(開示)하신 죄복(罪福)의 자성(自性)이 공(空)이라는 사실을 돈오하지 못하네.

【해설】
※ 師子吼無畏說(사자후무외설) : 사자후(師子吼, 獅子吼)는 한도인(閑道人)이 설법하는 것을 말하는 것이며, 무외설(無畏說)은 세간의 중생심과는 다른 출세간의 설법을 하므로 두려움이 없는 설법을 한다고 한다.

※ 深嗟懵懂頑皮靼)(심차몽동완피단) : 중생심으로 사는 사람들은 사자후(獅子吼)를 하여도 알아듣지 못하는 일천제(一闡提)이기 때문에 완피단이라는 단단한 가죽에 비유한 것으로 고정관념에서 벗어나지 못하는 고집불통으로 사는 중생들을 말한다.

　여기에서 범부들이 알아듣지 못하는 것은 할 수 없는 일이라고 하더라도 수행자들도 알아듣지 못하는 것을 불쌍히 생각하며 통탄

하는 내용이다.

※ 只知犯重障菩提(지지범중장보리) : 수행자들이 중죄(重罪)를 지으면 영원히 깨닫지 못하는 줄 알고 포기하는 것을 방지하기 위하여 이와 같이 설하는 것이다.

사바라이죄를 지으면 불문(佛門)에서 쫓겨나고 영원히 깨닫지 못하는 것으로 알고 있는데 이것은 교단을 유지하기 위한 규칙이므로 지켜야 하는 것이지 자신이 참회(懺悔)와 참괴(慚愧)를 하고 돈오(頓悟)하면 된다.

그러나 여기에서 용시비구와 두 비구의 예를 들어 설한 것은, 세간에서는 수행자가 아닌 범부들이 착각하는 오류를 범하는 것이 걱정되어 법이 있는 것이고, 수행자들 중에도 착각하여 범죄를 짓고도 부끄러운 줄 모르는 수행자들 때문에 불문(佛門)에서 추방하는 것이지, 자신들을 깨닫게 하는 부처의 설법은 어느 누구에게나 통용되는 것을 말한다.

수행자들이 중죄를 지으면 영원히 깨닫지 못하는 것으로 알고 추방하지만 부처님은 자신의 제자로 받아주어 부처가 되게 하는 것을 알지 못하는 수행자들에게 어떻게 하면 성불하게 되는지를 역설적으로 설하고 있다

※ 不見如來開祕訣(불견여래개비결) : 불문(佛門)에서 추방시키면 해결되는 것으로 알고 있지만 추방시키는 것만이 최선책이 아니라 자타(自他)가 모두 성불(成佛)하는 비법이 여기에 있다는 사실을 알지 못하고 있다고 설하고 있다.

여래께서 행하신 용시비구의 일이나 앙굴마라(央掘摩羅)의 일들은 일반적으로 교단 내에서는 할 수 없는 일인데도 행하시여 성불(成

佛)하게 한 여래의 사자후(獅子吼)를 알아듣지 못하는 수행자들을
질타(叱咤)한 것이다.

　사자후를 하여도 알아듣지 못하는 수행자들을 위하여 다음 구절
에서도 방편으로 두 비구의 예를 들며 소승(小乘)에서 최상승(最上
乘)으로 전환하기를 바라고 있다.

〔百獸聞之皆腦裂〕

59. 有二比丘犯婬殺, 波離螢光增罪結,
　　維摩大士頓除疑, 還同赫日銷霜雪.
㉯ : (有二比丘犯婬殺, 波離螢光增罪結,
　　維摩大士頓除疑, 猶如赫日銷霜雪.)

【번역】

　어느 두 비구가 음행과 살생을 하여서 참회하여 삼악도를 벗어나게 하려고 설법을 하는데

　우바리의 반딧불과 같은 법문은 소승(小乘)의 수행법으로 죄만 더 늘어나게 되지만

　유마거사는 의혹을 바로 제거하는 불이법문(不二法門)을 하여

　밝은 태양이 서리와 눈을 녹이는 것과 같이 죄업도 사라지게 하네.

【해설】

※ 有二比丘犯婬殺(유이비구범음살) : 두 비구가 실수로 중죄(重罪)를 짓게 되었는데 죄를 참회(懺悔)하고 참괴(慚愧)하여 삼악도(三惡道)에 떨어지는 것을 벗어나게 기도(祈禱)하고 불문(佛門)에서 나가 세속에서 살아갈 것을 요구하는 불문(佛門)의 계율을 설명하는 것이다.

　실수로 중죄를 지은 수행자에게 불교의 교단에서 할 수 있는 일은 영원히 죄인으로 살아가야 한다고 하는 것 이외에는 아무것도 할 수 없는 것이 된다.

　사바라이죄를 지으면 우바리존자와 같이 소승계로 수행자를 지도하면 영원히 해결하지 못하고 고통(苦痛)속에서 일생동안 벗어나려고 하는 참회의 기도만 하게 된다.

※ 波離螢光增罪結(바리형광증죄결) : 우바리존자에게 가서 참회하고 참괴하기를 원하니 우바리존자는 참회기도하고 속퇴하여 세속에서 살아가야 한다는 불문(佛門)의 계율에 맞게 처분을 내린 것이다.

이렇게 엄한계율을 가지고 있는 불문(佛門)을 활성화시켜야 모든 사람들이 행복하게 되는 것인데 참회기도를 하여 구원받기를 기다리고, 또 참회하면 용서하여 준다고 하면 실수로 지은 죄가 아니라도 세간에서 감옥(監獄)에 가는 벌만 받으면 해결되었다고 하게 되는 것이다.

대승불교의 교단에서 처분하는 것은 영원히 마음의 고통(苦痛)속에서 벗어나지 못하게 하는 소승계에서 대승계(大乘戒)로 전환하여 한도인(閑道人)이 되어 살아가야 한다는 지도를 하고 있다.

우바리존자가 지도하는 소승계의 수행법은 영원히 참회만 하며 벗어나게 하여 달라고 기원하는 것으로 세간의 많은 사람들에게 사바라이죄는 중죄이므로 죄를 짓지 않아야 한다는 교훈은 될지언정 실제로 양심으로 살아가는 수행자들에게 더 많은 고통을 주는 것이므로 한도인(閑道人)으로 살아가게 하는 것이 더 바른 처분이 될 것이다.

※ 維摩大士頓除疑(유마대사돈제의) : 유마거사께서 우바리존자가 교화 지도하는 것을 보시고는 우바리존자의 수행법은 소승(小乘)의 수행법이므로 계(戒)를 받지 않은 세속인들에게 하는 법문이지 계(戒)를 받고 지계바라밀을 실천 수행하는 수행자들에게 하는 법문으로는 맞지 않다고 하고 있다.

그래서 용시비구나 앙굴마라(央掘摩羅)를 제도(濟度)하신 여래의 설법과 같이 유마거사께서 불이법문(不二法門)을 하여 바로 참회하고 참괴하여 죄의 자성(自性)이 공(空)임을 자각하게 하여 한도인으로 살아가게 하는 처분을 내린 것이다.

※ 還同赫日銷霜雪(환동혁일소상설) : 유마거사께서 대승계를 설하여 바로 한도인(閑道人)으로 살아가게 하는 것은 육조의 무상심지계(無相心地戒)를 강조하는 것이다.

　지금과 같은 것은 불문(佛門)에서만 가능한 것이므로 세간에서 하려고 하면 최소한 계(戒)를 수지(受持)하고 실천하는 수행자가 될 때에 할 수 있는 것이므로 신심(信心)이 없는 이들에게 설하지 말라고 한 것이다.

　소승(小乘)의 수행법으로는 아무리 노력하여도 죄업만 늘어나게 되므로 대승의 무상심지계(無相心地戒)를 설하여 바로 벗어나 한도인(閑道人)으로 살아가야 죄업에서 벗어나는 것이지, 알음알이로는 영원히 죄업에서 벗어나지 못하게 된다고 하고 있다.

　지금까지 설한 마니보주를 다시 이와 같이 강조하고 있는 것은 영가현각 자신이 아무런 근거 없이 만든 것이 아니고 여래와 유마거사나 많은 대승의 성자들이 설한 것이라는 것을 다시 강조하고 있는 것으로 보이는 것은 당시에도 잘 받아들여지지 않았다는 것을 알 수 있다.

60. 不思議解脫力, 此即成吾善知識, 四事供養敢辭勞,
　　萬兩黃金亦銷得, 粉骨碎身未足酧, 一句了然超百億.
㉯ : (不思議解脫力, 妙用恒沙也無極, 四事供養敢辭勞,
　　萬兩黃金亦銷得, 粉骨碎身未足酬, 一句了然超百億.)

【번역】
(불이법문(不二法門)은) 불가사의한 진여의 지혜로 해탈하게 하는 일승의 원돈(圓頓)법문이니
　이와 같은 것이 나를 성불(成佛)하게 하는 선지식이고
　(신묘한 지혜는 항하사와 같아서 다함이 없고)
　네 가지(衣服, 臥具, 飮食, 醫藥)의 공양 받는 응공(應供)의 수행을 하지 않으면
　하루에 황금 만 냥을 사용할 수 있는 한도인(閑道人)도 사라지게 되고
　뼈가 가루가 되고 몸이 부서지게 하여도 그 은혜를 갚을 수 없지만
　이 일구(一句)를 깨닫게 되면 무상도(無上道)를 이루게 되네.

【해설】
※ 不思議解脫力(부사의해탈력) : 불가사의(不可思議)하다고 하는 것은 언어문자(言語文字)나 사량 분별로는 해결할 수 없으므로 언어도단(言語道斷)이나 불립문자(不立文字)라고 하는 것이다.
　말과 생각으로는 도달할 수 없으므로 진여의 지혜로 살아가는 한도인(閑道人)이 되어야 해탈하게 되는 것이므로 진여의 지혜를 부사의(不思議)하다고 하고 원돈의 법문은 진여의 지혜를 사용하여 해탈하는 원동력이 된다.

※ 此即成吾善知識(차즉성오선지식) : 진여의 지혜로 해탈하여 한 도인(閑道人)으로 살아가게 하는 원돈의 법문이 자신의 선지식이라는 사실을 알아야 한다.

그러므로 외부에서 선지식을 찾아 향외치구(向外馳求)하면 영원히 해탈하지 못하고 어리석은 수행자로 일생을 헛되이 보내게 된다.

☆ 妙用恒沙也無極(묘용항사야무극) : 묘용(妙用)이 항하사와 같다고 하는 것은 진여의 지혜로 살아가면 지금 자기가 있는 그곳이 좌도량이 되어 한도인(閑道人)으로 살아가게 된다고 하는 것이다.

※ 四事供養敢辭勞(사사공양감사로) : 사사공양(四事供養)은 의복(衣服), 와구(臥具), 음식(飮食), 의약(醫藥)을 말하는데 최소의 생활용품을 의미한다.

이 공양물(供養物)을 주는 사람과 받는 수행자가 동등한 수행자가 되어야 하는 것을 의미하지만 받는 수행자의 입장에서 보면 공양물을 받고 응공(應供)의 수행을 감당하여야 한다.

여래의 설법을 한도인(閑道人)으로서 하여야 하는 것이고 보시하는 사람들도 자신이 진여의 지혜로 살아가는 수행자가 되어야 보시바라밀을 실천하게 되는 것이다.

다음에 나오는 내용은 수행자로서 이런 공양물을 소화시킨다면 하루에 황금 일만 냥(兩)을 사용하는 사람들보다 행복하다고 하고 있다.

※ 萬兩黃金亦銷得(만냥황금역소득) : 황금 만 냥을 사용할 수 있는 사람들보다 행복하다고 설명하는 것이므로 사사공양(四事供養)을 하면 서로가 육바라밀을 실천하는 것이 되므로 모든 사람들이 한도인(閑道人)으로 살아갈 수 있다.

그러므로 사사공양(四事供養)을 하지 못하면 하루에 황금 만 냥을 사용할 수 있는 한도인(閑道人)도 사라지게 된다고 번역하였다.

※ 粉骨碎身未足酬(분골쇄신미족수) : 사사공양(四事供養)을 하면서 한도인(閑道人)으로 살아가는 법을 체득하면 이 은혜가 하루에 황금 만 냥을 사용하는 것보다 더 소중하다는 것을 깨닫게 된다고 설명하고 있다.

세상에서 무엇보다도 중요하고 필요한 것이라는 것을 깨닫게 되어 환희심(歡喜心)으로 이와 같은 말씀을 하고 계신다.

※ 一句了然超百億(일구료연초백억) : 여기에서 일구(一句)는 진여의 지혜로 살아가는 법을 체득하면 백 천 만억의 번뇌망념을 벗어나 해탈하고 지금 바로 극락세계에서 살아가게 된다.

210

자. 불퇴전의 여래로 사는 법

61. 法中王最高勝, 河沙如來同共證,
　　我今解此如意珠, 信受之者皆相應.
㉯ : (法中王最高勝, 恒沙如來同共證,
　　我今解此如意珠, 信受之者皆相應.)12)

【번역】
불법(佛法)을 설하는 것이 최고로 수승한 왕이니
항하사와 같은 여래들도 똑같이 이 불법(佛法)을 증득하였으며
내가 지금 이 불법(佛法)을 깨달아 여의주를 사용하는 것은
모두가 자신의 여의주를 확신하고 수지(受持)하면 모두가 불법
(佛法)과 상응(相應)하게 되네.

【해설】
※ 法中王最高勝(법중왕최고승) : 불법(佛法)을 최고로 수승하다고
하는 것은, 인간이 살아가는데 마음이 없으면 육신과 지식으로
살아가는 중생들만 있게 되어 결국에는 기계화된 로봇이 최고가
되지만, 각자가 가진 마니보주를 찾으면 천상천하유아독존(天上天
下唯我獨尊)으로 모두가 사람이 여래로서 살아가게 된다.
　그러므로 불법(佛法)을 자유자재로 펼칠 수 있는 자신의 본성(本
性)을 찾아서 살아가는 자신이 최고로 수승하게 되는 것이므로
각각의 개인을 최고로 존중하기 때문에 천상천하유아독존(天上天

---

12) 『宗鏡錄』卷19(『大正藏』48, 522쪽. 하19.) :「如真覺大師歌云. 法中王最
　　高勝, 恒沙諸佛同共證, 我今解此如意珠, 信受之者皆相應.」

下唯我獨尊)이라고 한다.

불법(佛法)을 설하는 것이 수승하다고한 것은 여래의 불법(佛法)
을 한도인(閑道人)이 지금 설하는 것이기 때문이기에 모두가 지금
살아있는 한도인(閑道人)이 되는 것이므로 최고로 수승하다고 한
다.

※ 河沙如來同共證(하사여래동공증) : 항하사의 모든 여래들이 자
신의 마니보주를 찾는 돈교법문으로 여래가 된 것이기에 어느 누구
나 이와 같은 불법(佛法)에 의지하여 성불(成佛)하는 것이다.

진여의 지혜에 의하여 부처가 탄생한다는 것 때문에 문수보살을
부처의 어머니라고 하고 또 『화엄경』에 "신위도원공덕모(信爲道元
功德母)"라고 하는 것처럼 이 진여의 지혜로 살아가는 법을 모든
여래들이 증득하였다고 설하고 있다.

※ 我今解此如意珠(아금해차여의주) : 내가 지금 이와 같은 불법(佛
法)을 깨달았다고 하는 것은 영가현각 자신을 지칭하는 것이지만
이전의 모든 여래들도 이와 같은 불법(佛法)을 증득했다고 설명하는
것으로서 모든 수행자들이나 모든 사람들을 깨닫게 하려고 지금
이와 같이 설하고 있기 때문에 각자가 자신이 해야 한다는 것을
강조하기 위한 것이다.

그러므로 모든 사람들이 이 불법(佛法)을 깨달아 자신의 여의주를
사용하기만 하면 여래가 되어 지금 극락세계에서 살아갈 수 있다고
하는 것이 된다.

※ 信受之者皆相應(신수지자개상응) : 지금까지 자신이 객(客)으로
살아온 것을 앞으로 주인으로 살아가게 하려고 자신의 여의주를

212

찾으면 모두가 주인공으로 살아가게 된다고 하는 것이다.

　"신위도원공덕모(信爲道元功德母)"라고 하는 것도 자신의 여의주를 확신하여 실천해야 공덕이 된다고 하는 것처럼 자신의 여의주를 찾아 확신하면 어디나 좌도량(坐道場)이 되고 주인공으로 살아가게 된다고 지금 영가현각이 설하고 있다.

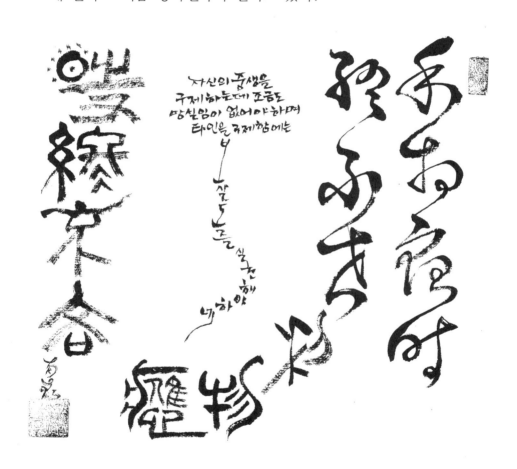

자신의 중생을 구제하는데 조금도 망설임이 없어야 하며 타인을 구제함에는 삶도 늘 실천해 내하양

〔利物應時終不吝〕

62. 了了見無一物, 亦無人亦無佛,
　　大千世界海中漚, 一切聖賢如電拂.

【번역】

　자신의 불성(佛性)을 요달하여 무일물(無一物)이라는 사실을 친견하면
　역시 고정된 중생도 없고 또 고정된 부처도 없게 되어
　삼천대천세계가 모두 법해(法海)속의 물거품과 같으며
　일체의 성현들도 모두가 번갯불처럼 지나가는 것과 같네.

【해설】

※ 了了見無一物(요료견무일물) : 각각의 자신들이 이 원돈법문을 증득하여 자신의 불성(佛性)을 확실하게 공(空)이라고 요달하면 본래무일물(本來無一物)이 된다.

　그러나 지금도 자신이 이것을 깨닫고 나면 전지전능한 유일신(唯一神)이 된다는 착각을 하는 수행자들을 염려하여 본래무일물(本來無一物)을 강조하고 있다는 사실을 알아야 한다.

　지금까지 설한 것을 마무리 짓는 내용으로 모든 것이 청정하게 된다는 경계지성(境界之性)을 다시 설하는 것은 피안(彼岸)이나 좌도량(坐道場)에서 누구나 한도인(閑道人)으로 살아가게 된다고 설하고 있는 것이다.

※ 亦無人亦無佛(역무인역무불) : 극락세계에는 중생과 부처라는 모습이나 이름도 없다고 하는 것은 명칭만 부처이고 중생일 뿐이고 모두가 청정한 한도인(閑道人)이 되어 살아간다고 하는 것이다.

　이름이 부처나 중생, 한도인(閑道人)이라고 하는 것은 누구나 할 수 있다는 것을 나타내는 것이고 여기에서는 모두가 한도인(閑道人)이라는 것을 설명하기 위하여 설한 것이므로 차별분별이 하나도 없다는 것을 확인하고 있다.

※ 大千世界海中漚(대천세계해중구) : 삼천대천세계가 모두 물거품과 같다고 하는 것은 자신이 깨닫고 보면 존재하는 대상경계가 모두 청정하기 때문에 차별 분별하는 의식은 모두가 물거품과 같은 중생계이므로 중생계가 사라지고 청정한 실상만 존재한다고 영가 현각이 한도인(閑道人)으로서 설하고 있다.

※ 一切聖賢如電拂(일체성현여전불) : 여기에서 다시 강조하고 있는 것은 전지전능한 부처나 유일신의 부처는 없다고 하는 것으로 부처가 되었다는 마음을 조금도 갖지 말고 진여의 지혜로 살아가야 한다고 설하는 것이다.

　아상(我相)과 인상(人相)이 있으면 어긋나게 된다고 하는 것이므로 부귀명예와 권력에 마음을 둔 수행자가 되지 말고 탐진치(貪瞋痴)를 벗어나 계정혜(戒定慧)로 바르게 살아가는 수행자들이 되기를 간절하게 바라고 있는 법문(法門)이다.

63. 假使鐵輪頂上旋, 定慧圓明終不失,
　　日可冷月可熱, 眾魔不能壞真說.

【번역】

설령 뜨거운 무쇠덩이를 머리위로 돌리면서 위협을 할지라도
정혜(定慧)가 원만하고 명확하여 끝까지 불법(佛法)을 상실하지
않으니

태양을 식히고 달을 가열하는 능력이 있다고 설하여도

모든 마군(魔軍)들이 불법(佛法)의 진실한 설법을 파괴할 수 없
네.

【해설】

※ 假使鐵輪頂上旋(가사철륜정상선) : 부처나 조사가 되려는 마음
을 가지고 수행하는 것이 아니고 자신의 마음이 청정하기를 바라는
것이며, 항상 지장보살과 같은 보살도를 실천하기를 서원하는 것이
다.

　그러므로 설령 뜨거운 무쇠덩이를 돌리면서 지옥의 고통을 받을
것이라고 위협을 하여도 오히려 외도(外道)들이 항복하게 되는
것이 이것이다.

　자신이 공(空)을 알지 못하면 항상 원한에 의하여 복수를 하고
서로 간에 육도윤회를 벗어날 기약이 없게 되므로 항상 탐진치(貪瞋
痴)를 벗어나 계정혜(戒定慧)로 살아야 윤회(輪廻)의 고통에서 벗
어나게 된다고 기원하고 설하고 있다.

※ 定慧圓明終不失(정혜원명종부실) : 항상 무엇에도 오염되지 않고 진여의 지혜로 살아가는 것은 불법(佛法)을 수지하여 불퇴전의 경지에 도달하였기 때문이다.

어느 누구가 유혹을 하고 협박을 하여도 어디에도 물들지 않는 연꽃처럼 한도인(閑道人)으로 살아가기에 분명하게 불법(佛法)의 정혜(定慧)를 영원히 상실하지 않게 되는 것을 설명하고 있는 부분이다.

※ 日可冷月可熱(일가냉월가열) : 아주 신비하고 불가능한 신통을 부린다고 하여도 불법(佛法)의 진실은 바뀔 수 없다고 비유하여 설명하고 있다.

누구나 인혹(人惑)과 경혹(境惑)의 혹란(惑亂)을 받지 않으면 한도인(閑道人)으로 살아가게 되는 것이 진실이므로 달과 태양이 바뀐다고 해도 이것은 변하지 않는 것이라고 설하고 있다.

※ 眾魔不能壞真說(중마불능괴진설) : 어느 누구라도 이와 같은 진실을 파괴할 수 없다고 진실하게 지금 다시 반복하여 강조하고 있다.

아주 뛰어난 마군(魔軍)들이 아무리 노력하여도 파괴할 수 없다고 하는 것은 자신이 자신을 파괴하게 되는 것이기 때문이다.

왜냐하면 마군(魔軍)이 무엇인지 알지 못하고 성자의 가르침을 비난하고 파괴하려고 하지만 마군(魔軍)은 멀리 있는 것이 아니고 자신에게 있는 것이므로 파괴하려고 해도 불법(佛法)의 진실을 파괴할 수 없는 것이 된다.

64. 象駕峥嶸謾進途, 誰見蟷蜋*能拒轍,
　　大象不遊於兔徑, 大悟不拘於小節.　　*(蟷蜋＝螳螂)

【번역】

코끼리가 끄는 수레가 험한 길을 질주하듯이 나아가면

　당랑(蟷蜋, 螳螂, 사마귀)이 수레바퀴를 가로 막는다고 해도 누가
알 것이며

　큰 코끼리는 토끼가 다니는 길로 다니지 않으니

　위대한 깨달음을 체득한 대승인은 소승의 절개(節介)에 구속받지
않네.

【해설】

※ 象駕峥嶸謾進途(상가쟁영만진도) : 최상승(最上乘)의 법문을
설하는 것을 코끼리가 끄는 수레에 비유하고, 세속에서 법을 설하는
것을 험한 길이라고 한 것이다.

　어디에서나 법을 설하여도 어긋나지 않기 때문에 질주하듯이
나아간다고 한 것이고, 항상 사자후를 하며 한도인(閑道人)으로
살아간다고 하는 것을 말한다.

※ 誰見蟷蜋能拒轍(수견당랑능거철) : 자기의 일에 몰두하여 자신
이 하는 일이 무슨 일인지 모르고 살다가 죽는 것을 비유한 것이다.

　현실에 비유하여 설명하면, 사람들이 일생을 살면서 부귀와 명예
나 권력 등의 탐욕에 빠져 자신이 영원할 것이라고 생각하고 자신들
만을 위하여 호의호식(好衣好食)하며 살아가지만 영원하지 않다는
것을 알지 못한다고 사마귀에 비유하여 설명하고 있다.

　사마귀가 불법(佛法)을 파괴하려고 하는 것과 같이 마군(魔軍)이

불법(佛法)을 아무리 파괴하려고 해도 결국은 수레바퀴를 대적하는 사마귀와 같다고 한 것이다.

※ 大象不遊於兔徑(대상불유어토경) : 큰 코끼리는 대승(大乘)의 한도인(閑道人)이고 토끼는 소승(小乘)의 수행자를 말한다.

대승(大乘)의 수행자는 소승(小乘)으로 물러나지 않는다는 것을 토끼가 다니는 길로는 다니지 않는다고 한 것이다.

그리고 진여의 지혜로 살아가는 한도인(閑道人)은 다시는 번뇌망념에 오염되지 않는다고 하는 것을 설하고 있는 부분이다.

※ 大悟不拘於小節(대오불구어소절) : 최상승선(最上乘禪)의 수행자는 무상심지계(無相心地戒)를 지키며 살아가는 한도인(閑道人)이므로 소승(小乘)의 유상계(有相戒)에 얽매이지 않고 살아가게 된다고 하는 것이다.

이전의 수행자들도 소승(小乘)의 계율에 얽매여 수행하는 이들이 아주 많았다는 것이 되고, 또 권력을 등에지고 있었다는 것을 말하는 것이 되며, 마지막 구절(句節)에까지 토끼나 사마귀에 비유하여 소승(小乘)의 수행자들을 깨닫게 하려고 한 것이라고 생각된다.

65. 莫將管見謗蒼蒼, 未了吾今為君決.
㉯ : (莫將管見謗蒼蒼, 未了吾今為君訣.)

【번역】
대롱구멍 같은 좁은 소견을 가지고 푸르고 넓은 창공을 비방하지
말고
 아직까지도 진여의 지혜로 살면서도 깨달아 요달하지 못하기에
내가 지금 그대들에게 한도인(閑道人)을 친견하게 하려고 설하는
것이네.

【해설】
※ 莫將管見謗蒼蒼(막장관견방창창) : 범부(凡夫)들이 최상승(最
上乘)의 수행자를 알음알이로 알려고 하는 것을 비유하여 설명하는
것이다.
 즉 자기들의 하늘 속에서 모든 것을 판단하며 자기들만의 세계에
서 벗어나지 못하고 있는 범부(凡夫)나 소승(小乘)의 수행자들에게
최상승(最上乘)을 깨닫게 하려고 비방하지 말라고 당부하고 있다.
 좁은 소견으로 수레바퀴에 대적하는 사마귀가 되지 말고, 또
토끼와 같이 자기들만 다니는 길로 다니면서 최상승(最上乘)을
알지 못하는 소승(小乘)으로 살아가지 말라고 하는 것이다.
 범부들의 눈에는 모두가 범부로 보이는 것이고 부처의 눈에는
모두가 부처로 보이는 것이므로 모두가 넓고 넓은 창공(蒼空)을
바라볼 줄 알아야 한다고 지금까지 자비심으로 설명하시고 있다.

※ 未了吾今為君決(미료오금위군결) : 지금까지 한도인(閑道人)으
로 살아오면서도 좁은 대롱과 같은 안목(眼目)으로 한도인(閑道人)

220

을 파악하고 있으면, 최상승의 진정한 한도인(閑道人)을 친견하여
야 윤회고(輪廻苦)를 벗어나 자유자재한 한도인(閑道人)이 되는
것이라고 설하고 있다.

증도가의 시작부분과 마지막부분에 군(君)을 설명하는 것은 군
(君)을 친견하여 자신이 실천하기를 간절하게 바라는 내용을 지금까
지 설하고 있는 것이라고 생각된다.

〔直截根源佛所印〕

증도가 역주

譯　　註 ｜ 양지
書　　畵 ｜ 南靑 林成順

發行日 ｜ 2019年 11月 11日
發行處 ｜ 남청 출판사
경남 김해시 한림면 김해대로 1017번길 54호 (우)50850
전화 055)345-9852 / 010-3856-9852
ISBN 979-11-965143-2-7 93220
값 15,000원

우편으로 책을 구입하실 경우 아래 온라인 계좌를 이용해 주십시오.
농협 351-1037-4373-13 (남청 출판사)

본 제작물에는 구글에서 제공한 Noto폰트가 포함되어 있습니다.